Namenwort (Nomen oder Substantiv)

Namenwörter sind **Namen** für Menschen, Tiere, Pflanzen, Dinge, Gedanken...

Namenwörter gibt es in der Einzahl und Mehrzahl, zum Beispiel: das ...

Namenwörter können ...

Namenwörter werden großgeschrieben, zum Beispiel: das Tier.

Wiewort (Adjektiv)

Wiewörter geben an, **wie** etwas ist.

Mit Wiewörtern kann man **vergleichen**,
zum Beispiel: Ich bin groß.
　　　　　　　Ich bin größer.
　　　　　　　Ich bin am größten.

Fürwort (Pronomen)

Fürwörter können für Namenwörter stehen.

Fürwörter sind zum Beispiel:
ich, du, er, sie, es, wir, ihr, mein, dein, euer.

BAUSTEINE

Wörterbuch

plus Anfangswortschatz
Frühenglisch

Diesterweg

© 2005 Bildungshaus Schulbuchverlage
Westermann Schroedel Diesterweg
Schöningh Winklers GmbH, Braunschweig
www.diesterweg.de

Das Werk und seine Teile sind urheberrechtlich geschützt.
Jede Nutzung in anderen als den gesetzlich zugelassenen Fällen
bedarf der vorherigen schriftlichen Einwilligung des Verlages.
Hinweis zu §52a UrhG:
Weder das Werk noch seine Teile dürfen ohne eine solche
Einwilligung gescannt und in ein Netzwerk eingestellt werden.
Das gilt auch für Intranets von Schulen und sonstigen
Bildungseinrichtungen.

Druck A^9/Jahr 2011
Alle Drucke der Serie A sind im Unterricht parallel verwendbar.

Redaktion: Nicole Amrein
Herstellung: Kathrin Hanne
Illustrationen: Dorothea Tust
Umschlaggestaltung: Raphaela Mäntele
Umschlagillustration: Julia Ginsbach
Typografie: Raphaela Mäntele
Satz: PER Medien+Marketing GmbH, Braunschweig
Druck und Bindung: westermann druck GmbH, Braunschweig

ISBN 978-3-425-**02999**-3

Inhalt

Grundwortschatz Klasse 1 und 2

Einleitung 5
Wörterliste......................... 8
Übungen 49

Grundwortschatz Klasse 3 und 4

Einleitung 61
Wörterliste......................... 64
Übungen 213

Lösungen zu den Übungen

Übungen Klasse 1 und 2 227
Übungen Klasse 3 und 4 233

Anfangswortschatz Frühenglisch

Wörterliste......................... 244

Grundwortschatz Klasse 1 und 2

Einleitung

- Dieses Wörterbuch hilft dir, wenn du nicht sicher weißt, wie ein Wort geschrieben wird. Alle Wörter sind nach dem ABC geordnet.

- Die Bilder neben den Buchstaben helfen dir dabei, den gesuchten Buchstaben schnell zu finden.

A a
der Apfel

- Die Farben zeigen dir, zu welcher Wortart das jeweilige Wort gehört:
Nomen (Namenwörter) sind blau,
Verben (Tuwörter) sind rot
und Adjektive (Wiewörter) findest du in grüner Schrift.
Alle **sonstigen Wörter** sind schwarz gedruckt.

Grundwortschatz 1 und 2 · Einleitung

- In der Wörterliste kannst du sehen, ob **der, die** oder **das** vor ein Nomen gestellt wird:

    der Baum
    die Blume
    das Buch

- Außerdem lernst du verschiedene Formen eines Nomens kennen:

    der Ball,
    die Bälle

- Verben können verschiedene Formen haben:

    bauen,
    sie baut

- Du findest auch schwierige Formen bei den Adjektiven:

    alt,
    älter

Grundwortschatz 1 und 2 · Einleitung

So lernst du Wörter nachschlagen:

- Ganz wichtig ist es für dich, das ABC genau zu kennen. Nur wenn du weißt, in welcher Reihenfolge die Buchstaben geordnet sind, kannst du auch schnell im Wörterverzeichnis ein Wort suchen.

- Um das Nachschlagen zu üben, findest du auf den Seiten 49–59 spezielle Aufgaben. Dabei geht es zum Beispiel um

  > Übungen zum ABC, das Nachschlagen von Wörtern und Bildern, das Finden von Rätselwörtern, verschiedene Geheimschriften.

- Wichtig ist es dabei, immer die Seitenzahlen der Wörter, die du suchen sollst, zu notieren. Dann hast du auch eine bessere Kontrolle, ob du das richtige Wort gefunden hast.

- 👉 ist das Zeichen für Zusatzaufgaben.

- Die Lösungen zu den Aufgaben findest du ab Seite 227.

Ab bis Ar

A

ab
der Abend,
die Abende
abends
aber
acht
der Advent
der Affe,
die Affen
alle
alles
als
alt, älter
am
die Ameise,
die Ameisen
die Ampel,
die Ampeln

die Amsel,
die Amseln
an
andere
die Angst,
die Ängste
die Antwort,
die Antworten
antworten,
sie antwortet
der Apfel,
die Äpfel
der April
die Arbeit,
die Arbeiten
arbeiten,
er arbeitet
arm, ärmer

Ar bis Ba

der Arm,
die Arme
der Ast,
die Äste
der Astronaut,
die Astronauten
auch
auf
die Aufgabe,
die Aufgaben
das Auge,
die Augen
der August
aus
das Auto,
die Autos
der Autor,
die Autoren
die Autorin,
die Autorinnen

B

das Baby,
die Babys
der Bach,
die Bäche
backen,
er backt
baden,
sie badet
bald
der Ball,
die Bälle
die Banane,
die Bananen
die Bank,
die Bänke
der Bär,
die Bären
die Bärin

Ba bis Bi

basteln, er bastelt
der Bauch, die Bäuche
bauen, sie baut
der Baum, die Bäume
das Beet, die Beete
bei
beide
das Bein, die Beine
bekommen, er bekommt
bellen, sie bellt
beobachten, er beobachtet

berechnen, sie berechnet
besser
der Besuch, die Besuche
das Bett, die Betten
sich bewegen, er bewegt sich
die Biene, die Bienen
das Bild, die Bilder
billig, billiger
ich bin
die Birne, die Birnen
du bist
bitten, sie bittet

Bl bis Bu

das Blatt,
die Blätter
blau
bleiben,
er bleibt
blühen,
es blüht
die Blume,
die Blumen
die Blüte,
die Blüten
das Boot,
die Boote
böse, böser
die Botschaft,
die Botschaften
boxen,
sie boxt
brauchen,
er braucht

braun
brennen,
es brennt
der Brief,
die Briefe
bringen,
sie bringt
das Brot,
die Brote
der Bruder,
die Brüder
das Buch,
die Bücher
die Bücherei,
die Büchereien
bummeln,
er bummelt
bunt
der Bus,
die Busse

Bu bis C

der Busch,
die Büsche
die Butter

C

der Cent,
die Cents
der Clown,
die Clowns
der Computer,
die Computer

Da bis Dr

D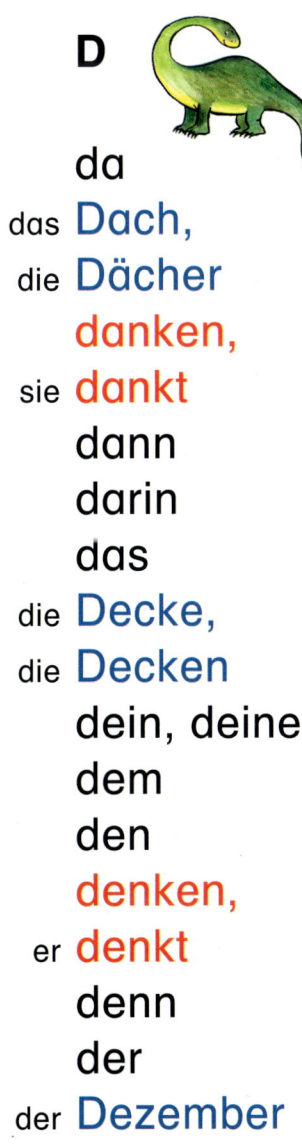

da
das Dach,
die Dächer
danken,
sie dankt
dann
darin
das
die Decke,
die Decken
dein, deine
dem
den
denken,
er denkt
denn
der
der Dezember

dich
dick, dicker
die
der Dienstag,
die Dienstage
diese,
dieser,
dieses
der Dinosaurier,
die Dinosaurier
dir
doch
der Donnerstag,
die Donnerstage
dort
die Dose,
die Dosen
der Drachen,
die Drachen
draußen

Dr bis Ei

drei
drücken,
sie drückt
du
dunkel,
dunkler
dünn,
dünner
dürfen,
er darf
der Durst
durstig,
durstiger

E

die Ecke,
die Ecken
eckig,
eckiger
das Ei,
die Eier
der Eimer,
die Eimer
ein, eine
einfach,
einfacher
einkaufen,
sie kauft ein
einladen,
er lädt ein
einmal
eins
das Eis

El bis Eu

der Elefant,
die Elefanten
elf
die Eltern
das Ende,
die Enden
endlich
eng, enger
die Ente,
die Enten
sich entschul-
digen,
sie entschul-
digt sich
er
die Erdbeere,
die Erdbeeren
die Erde
erfahren,
er erfährt

erreichbar,
erreichbarer
erst
erste, erster
erzählen,
sie erzählt
es
der Esel,
die Esel
essen,
er isst
etwas
euch
euer, eure
die Eule,
die Eulen
der Euro,
die Euros

Fa bis Fe

F

fahren,
sie fährt
fallen,
er fällt
falsch
die Familie,
die Familien
fangen,
sie fängt
farbig
fassen,
er fasst
fast
das Fax,
die Faxe
der Februar
fehlen,
sie fehlt

der Fehler,
die Fehler
die Feier,
die Feiern
feiern,
er feiert
fein, feiner
das Feld,
die Felder
das Fenster,
die Fenster
die Ferien
fernsehen,
sie sieht fern
fertig
fest, fester
das Fest,
die Feste
das Feuer,
die Feuer

Fi bis Fr

die Figur,
die Figuren
der Film,
die Filme
finden,
er findet
der Finger,
die Finger
der Fisch,
die Fische
fix, fixer
die Flasche,
die Flaschen
das Fleisch
die Fliege,
die Fliegen
fliegen,
sie fliegt
der Flügel,
die Flügel

flüssig
fort
das Foto,
die Fotos
die Frage,
die Fragen
fragen,
er fragt
die Frau,
die Frauen
der Freitag,
die Freitage
fremd,
fremder
fressen,
sie frisst
die Freude,
die Freuden
sich freuen,
sie freut sich

Fr bis Fu

der Freund,
die Freunde
die Freundin,
die Freundinnen
der Frieden
friedlich,
friedlicher
frisch,
frischer
froh, froher
die Frucht,
die Früchte
früh,
früher
der Frühling
fühlen,
er fühlt
der Füller,
die Füller
fünf

für
der Fuß,
die Füße
füttern,
sie füttert

Ga bis Gl

G

die Gabel,
die Gabeln
ganz, ganze
der Garten,
die Gärten
geben,
er gibt
der Geburtstag,
die Geburtstage
das Geheimnis,
die Geheimnisse
geheimnis-
voll
gehen,
sie geht
die Geige,
die Geigen
gelb

das Geld,
die Gelder
das Gemüse
genug
gern, gerne
das Geschenk,
die Geschenke
die Geschichte,
die Geschichten
das Gesicht,
die Gesichter
das Gespenst,
die Gespenster
gestern
gesund,
gesünder
die Gesundheit
giftig, giftiger
das Glas,
die Gläser

Gl bis Ha

die Glocke,
die Glocken
das Gras,
die Gräser
groß, größer
grün
der Gürtel,
die Gürtel
gut, besser

H

das Haar,
die Haare
haben,
er hat
hallo
halten,
sie hält
der Hammer,
die Hammer
der Hamster,
die Hamster
die Hand,
die Hände
das Handy,
die Handys
hängen,
er hängt
hart, härter

Ha bis Ho

der Hase,
die Hasen
das Haus,
die Häuser
zu Hause
die Haut,
die Häute
die Hecke,
die Hecken
das Heft,
die Hefte
heimlich, heimlicher
heiß, heißer
heißen, sie heißt
helfen, er hilft
hell, heller

das Hemd,
die Hemden
her
herab
heraus
der Herbst
der Herr,
die Herren
das Herz,
die Herzen
heute
die Hexe,
die Hexen
hier
der Himmel
hin
hinaus
hinein
hinunter
hoch, höher

21

Ho bis I

der Hof,	I 
die Höfe	
holen,	ich
sie holt	der Igel,
das Holz,	die Igel
die Hölzer	ihm
hören,	ihn
er hört	ihnen
der Hörer,	ihr
die Hörer	im
die Hose,	immer
die Hosen	in
der Hund,	sie isst einen Apfel
die Hunde	er ist im Haus
hundert	
hüpfen,	
sie hüpft	

J

ja

die Jacke,
die Jacken
der Jäger,
die Jäger
das Jahr,
die Jahre
der Januar
jede
jeder
jedes
jemand
jetzt
das Jo-Jo,
die Jo-Jos
das Judo
der Juli
jung, jünger

der Junge,
die Jungen
der Juni

Ka bis Kl

K

der Käfer,
die Käfer
der Kalender,
die Kalender
kalt, kälter
die Kälte
der Kamm,
die Kämme
die Karotte,
die Karotten
die Karte,
die Karten
die Kastanie,
die Kastanien
der Kasten,
die Kästen
die Katze,
die Katzen

kaufen,
er kauft
kein, keine
der Keller,
die Keller
kennen,
sie kennt
die Kerze,
die Kerzen
das Kind,
die Kinder
die Klasse,
die Klassen
klatschen,
er klatscht
das Kleid,
die Kleider
klein, kleiner
klettern,
sie klettert

Kn bis Ku

knabbern,
er knabbert
der Koch,
die Köche
kochen,
sie kocht
der Koffer,
die Koffer
kommen,
er kommt
der König,
die Könige
die Königin,
die Königinnen
können,
sie kann
der Kopf,
die Köpfe
der Körper,
die Körper

kosten,
es kostet
krachen,
es kracht
kräftig,
kräftiger
krank
die Krankheit,
die Krankheiten
das Kraut,
die Kräuter
die Krone,
die Kronen
die Küche,
die Küchen
der Kuchen,
die Kuchen
die Kuh,
die Kühe
kurz, kürzer

La bis Le

L

lachen,
er lacht
die Lampe,
die Lampen
lang, länger
langsam, langsamer
lassen,
sie lässt
die Laterne,
die Laternen
laufen,
er läuft
laut, lauter
leben,
sie lebt
das Leben
lebendig

lecker, leckerer
leer
legen,
er legt
der Lehrer,
die Lehrer
die Lehrerin,
die Lehrerinnen
leicht, leichter
leider
leise, leiser
die Leiter,
die Leitern
lernen,
sie lernt
lesen,
er liest
die Leute

Le bis Lu

das Lexikon,
die Lexika
das Licht,
die Lichter
lieb, lieber
lieben,
sie liebt
das Lied,
die Lieder
liegen,
es liegt
das Lineal,
die Lineale
links
loben,
er lobt
das Loch,
die Löcher
der Löffel,
die Löffel

der Löwe,
die Löwen
die Luft,
die Lüfte
lustig,
lustiger

Ma bis Mi

M

machen,
er macht
das Mädchen,
die Mädchen
der Mai
malen,
sie malt
die Mama,
die Mamas
man
manchmal
der Mann,
die Männer
der Mantel,
die Mäntel
das Märchen,
die Märchen
der März

die Maus,
die Mäuse
das Meer,
die Meere
mehr
mein,
meine
meinen,
er meint
der Mensch,
die Menschen
merken,
sie merkt
messen,
er misst
das Messer,
die Messer
der Meter,
die Meter
mich

Mi bis Mu

die Milch
die Minute,
die Minuten
mir
mit
mittags
der Mittwoch,
die Mittwoche
mixen,
sie mixt
mögen,
er mag
die Möhre,
die Möhren
der Monat,
die Monate
der Mond,
die Monde
das Monster,
die Monster

der Montag,
die Montage
das Moos,
die Moose
morgen
der Morgen,
die Morgen
morgens
müde, müder
der Müll
der Mund,
die Münder
die Musik
müssen,
es muss
die Mutter,
die Mütter

N

N

nach
der Nachmittag,
die Nachmittage
die Nacht,
die Nächte
der Nagel,
die Nägel
der Name,
die Namen
die Nase,
die Nasen
nass, nasser
die Natur
der Nebel,
die Nebel
nehmen,
sie nimmt
nein

das Nest,
die Nester
neu, neuer
neugierig
neun
nicht
nichts
nie
der Nikolaus
noch
der November
die Nudel,
die Nudeln
die Nummer,
die Nummern
nun
nur

o
ob
oben
das Obst
oder
der Ofen,
die Öfen
offen
oft
ohne
das Ohr,
die Ohren
der Oktober
die Oma,
die Omas
der Onkel,
die Onkel
der Opa,
die Opas

die Orange,
die Orangen
Ostern

Pa bis Pr

P

das Paar,
die Paare
packen,
er packt
die Palme,
die Palmen
der Papa,
die Papas
das Papier,
die Papiere
die Pause,
die Pausen
der Pelz,
die Pelze
das Pferd,
die Pferde
die Pflanze,
die Pflanzen
pflanzen,
sie pflanzt
die Pflaume,
die Pflaumen
pflegen,
er pflegt
der Pinsel,
die Pinsel
der Plan,
die Pläne
der Platz,
die Plätze
plötzlich
die Post
die Pommes
der Preis,
die Preise
prima
der Prinz,
die Prinzen

Pr bis Qu

die Prinzessin,
die Prinzessinnen
prüfen,
sie prüft
die Puppe,
die Puppen
putzen,
er putzt

Q

das Quadrat,
die Quadrate
quaken,
sie quakt
die Qualle,
die Quallen
der Quark
quasseln,
er quasselt
der Quatsch
quer
das Quiz,
die Quiz

Ra bis Rh

R

das Rad,
die Räder
das Radieschen,
die Radieschen
das Radio,
die Radios
die Rakete,
die Raketen
rasen,
sie rast
raten,
er rät
das Rätsel,
die Rätsel
der Raum,
die Räume
die Raupe,
die Raupen

rechnen,
er rechnet
rechts
reden,
sie redet
der Regen
regnen,
es regnet
reich, reicher
die Reihe,
die Reihen
die Reise,
die Reisen
reisen,
er reist
rennen,
sie rennt
retten,
er rettet
der Rhabarber

Ri bis Sa

riechen,
sie riecht
riesig,
riesiger
der Ring,
die Ringe
der Rock,
die Röcke
rollen,
er rollt
der Roller,
die Roller
rot
der Rücken,
die Rücken
rufen,
sie ruft
die Ruhe
rund, runder
runter

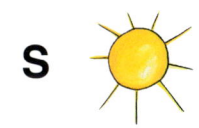

S

das Sachbuch,
die Sachbücher
die Sache,
die Sachen
der Saft,
die Säfte
sagen,
er sagt
die Sahne
das Salz,
die Salze
salzig,
salziger
der Same,
die Samen
der Samstag,
die Samstage
der Sand

Sa bis Sch

sandig, sandiger
der Satz, die Sätze
sauber, sauberer
scharf, schärfer
der Schatten, die Schatten
schauen, er schaut
scheinen, sie scheint
schenken, er schenkt
die Schere, die Scheren
schicken, sie schickt

schieben, er schiebt
das Schiff, die Schiffe
schlafen, sie schläft
schlagen, er schlägt
schlecht, schlechter
der Schlitten, die Schlitten
der Schlüssel, die Schlüssel
schmecken, es schmeckt
der Schmetterling, die Schmetterlinge

Sch

schmücken,
sie schmückt
die Schnauze,
die Schnauzen
der Schnee
schneiden,
er schneidet
schneien,
es schneit
schnell,
schneller
der Schnupfen
die Schokolade
schon
schön,
schöner
der Schrank,
die Schränke
schreiben,
sie schreibt
schreien,
er schreit
der Schuh,
die Schuhe
schuldig
die Schule,
die Schulen
der Schüler,
die Schüler
die Schülerin,
die Schülerinnen
die Schüssel,
die Schüsseln
schütteln,
sie schüttelt
schwarz
schwer,
schwerer
die Schwester,
die Schwestern

Sch bis So

schwimmen,
er schwimmt
sechs
der See,
die Seen
sehen,
sie sieht
sehr
die Seife,
die Seifen
das Seil,
die Seile
sein,
er ist
sein, seine
die Seite,
die Seiten
die Sekunde,
die Sekunden
der September

sich setzen,
sie setzt sich
sich
sicher,
sicherer
sie
sieben
sie sind
singen,
er singt
sitzen,
sie sitzt
sofort
sollen,
er soll
der Sommer
sondern
der Sonnabend,
die Sonnabende
die Sonne

So bis St

die Sonnen-finsternis
der Sonntag,
die Sonntage
die Spagetti
sparen,
sie spart
der Spaß,
die Späße
spät, später
der Spiegel,
die Spiegel
das Spiel,
die Spiele
spielen,
er spielt
spitz, spitzer
der Sport
sprechen,
sie spricht
springen,
er springt
die Stadt,
die Städte
stark,
stärker
stechen,
sie sticht
stecken,
er steckt
stehen,
sie steht
steigen,
er steigt
der Stein,
die Steine
stellen,
sie stellt
der Stern,
die Sterne

St bis Su

der Stift,
die Stifte
still, stiller
die Straße,
die Straßen
der Strauch,
die Sträucher
der Streit
sich streiten,
er streitet sich
der Strich,
die Striche
der Strumpf,
die Strümpfe
der Stuhl,
die Stühle
die Stunde,
die Stunden
der Sturm,
die Stürme

stürmen,
es stürmt
suchen,
sie sucht
die Suppe,
die Suppen
süß, süßer

Ta bis Ti

T

- die Tafel,
- die Tafeln
- der Tag,
- die Tage
- die Tante,
- die Tanten
- die Tasche,
- die Taschen
- die Tasse,
- die Tassen
- die Tatze,
- die Tatzen
- das Taxi,
- die Taxis
- der Tee,
- die Tees
- das Telefon,
- die Telefone

- telefonieren, er telefoniert
- der Teller,
- die Teller
- die Temperatur,
- die Temperaturen
- teuer, teurer
- der Text,
- die Texte
- das Tier,
- die Tiere
- das Tierbuch,
- die Tierbücher
- tippen, sie tippt
- der Tisch,
- die Tische
- der Titel,
- die Titel

To bis Tu

toben,
er tobt
toll, toller
die Tomate,
die Tomaten
der Ton,
die Töne
der Topf,
die Töpfe
das Tor,
die Tore
die Torte,
die Torten
tot
tragen,
sie trägt
der Traum,
die Träume
träumen,
er träumt

traurig,
trauriger
treffen,
sie trifft
die Treppe,
die Treppen
treten,
er tritt
der Trick,
die Tricks
trinken,
sie trinkt
trocken,
trockener
das Tuch,
die Tücher
tun,
er tut
die Tür,
die Türen

der Turm,
die Türme
turnen,
sie turnt
die Tüte,
die Tüten

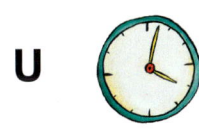

U

üben,
er übt
über
überraschen,
sie überrascht
die Übung,
die Übungen
die Uhr,
die Uhren
der Uhu,
die Uhus
um
und
uns
unser, unsere
unten
unter
unterwegs

V

die Vase,
die Vasen
der Vater,
die Väter
der Verkehr
verraten,
er verrät
verstecken,
sie versteckt
versuchen,
er versucht
viel, viele
vier
der Vogel,
die Vögel
voll, voller
von
vor

vorlesen,
sie liest vor
vorstellen,
er stellt vor

Wa bis We

w

wachen,
sie wacht
der Wagen,
die Wagen
wählen,
er wählt
der Wald,
die Wälder
die Wand,
die Wände
wann
sie war
ihr wart
warm,
wärmer
die Wärme
warten,
er wartet

warum
was
waschen,
sie wäscht
das Wasser,
die Wasser
weg
der Weg,
die Wege
welch,
weicher
Weihnachten
die Weihnachts-
zeit
weiß
weit, weiter
die Welt
wenig,
weniger
wenn

We bis Wu

wer
werden,
es wird
werfen,
er wirft
das Wetter
wichtig,
wichtiger
wie
wieder
die Wiese,
die Wiesen
wild, wilder
der Wind,
die Winde
der Winter
wir
wissen,
sie weiß
wo

die Woche,
die Wochen
der Wochentag,
die Wochentage
wohnen,
er wohnt
die Wohnung,
die Wohnungen
die Wolke,
die Wolken
die Wolle
wollen,
sie will
das Wort,
die Wörter
wunderbar
der Wunsch,
die Wünsche
wünschen,
er wünscht

Wu bis Ze

würfeln,
sie würfelt
die Wurst,
die Würste
die Wurzel,
die Wurzeln

X

das Xylofon,
die Xylofone

Y

das Yak,
die Yaks
das Ypsilon,
die Ypsilons

Z

die Zahl,
die Zahlen
zahlen,
sie zahlt
zählen,
er zählt
zahm, zahmer
der Zahn,
die Zähne
zaubern,
sie zaubert
der Zaun,
die Zäune
zehn
zeichnen,
er zeichnet
zeigen,
sie zeigt

Ze bis Zw

die Zeit,
die Zeiten
die Zeitung,
die Zeitungen
das Zelt,
die Zelte
der Zettel,
die Zettel
ziehen,
er zieht
das Ziel,
die Ziele
das Zimmer,
die Zimmer
der Zoo,
die Zoos
zu
der Zucker
der Zug,
die Züge

zum
zur
zusammen
zwei
der Zweig,
die Zweige
der Zwerg,
die Zwerge
zwölf

Grundwortschatz 1 und 2 · Übungen

Zauberei!

- Der Zauberer hat aus jedem Hut einen Buchstaben aus dem ABC verschwinden lassen. Schreibe die fehlenden Buchstaben auf ein Blatt.
  Wie heißt das Lösungswort? $\overline{1}\ \overline{2}\ \overline{3}\ \overline{4}\ \overline{5}$

Im Zirkus

> Die Zuschauer sitzen im 🎪 und freuen sich auf die Vorstellung. Zuerst kommt ein 🦁, dann ein 🐘 und schließlich ein 🐒 auf einem 🚲. Ein 🐻 spielt mit ⚽. Dann kommt der 🤡 und alle müssen lachen. Zum Schluss zaubert ein Mann einen 🐇 aus dem Hut. Das war ein schöner Abend!

- Im Zirkus gibt es viel zu sehen. Schreibe den Text ab und ersetze dabei die Bilder durch Wörter. Schlage sie nach und notiere die Seitenzahlen hinter den Wörtern.

Grundwortschatz 1 und 2 · Übungen

Wörtersuche nach dem ABC

- Schreibe das ABC untereinander auf. Suche dir im Wörterbuch für jeden Anfangsbuchstaben ein blaues Wort (Nomen/Namenwort) und schreibe es dahinter.
  Schreibe zum Beispiel so: **A**dvent
  Baby

☞ Wiederhole die gleiche Aufgabe mit roten Wörtern (Verben/Tuwörter). Für welche Anfangsbuchstaben ist kein Verb zu finden?

In der Schule

- Was hat Carsten in seiner Schultasche? Schlage die Nomen nach und schreibe sie mit der Mehrzahl und der Seitenzahl auf.
  Schreibe so: der Pinsel, die Pinsel (Seite …)

- Was tun wir in der Schule? Schreibe die Verben und die Seitenzahlen auf. Schreibe so: wir malen (Seite …), wir …

Grundwortschatz 1 und 2 · Übungen

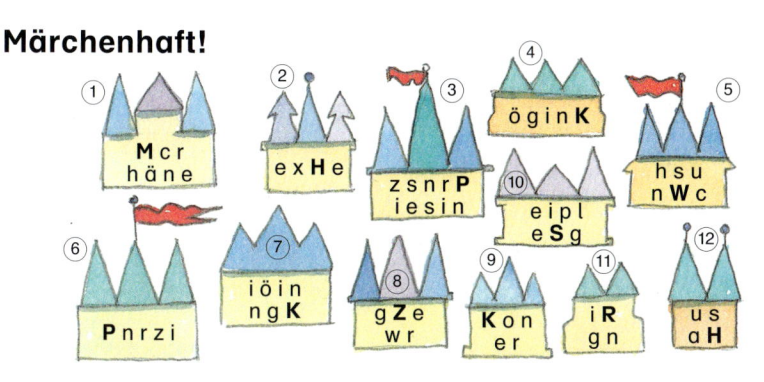

Märchenhaft!

① M c r h ä n e
② e x H e
③ z s n r P i e s i n
④ ö g i n K
⑤ h s u n W c
⑥ P n r z i
⑦ i ö i n n g K
⑧ g Z e w r
⑨ K o n e r
⑩ e i p l e S g
⑪ i R g n
⑫ u s a H

- Hier hat jemand die Märchenwörter verzaubert! Finde die gesuchten Nomen und schreibe sie mit Artikel (Begleiter), Mehrzahl und Seitenzahl auf. Schreibe so:
  ① das Märchen, die Märchen (Seite …)

Tischlein, deck dich!

- Was gehört auf einen schön gedeckten Tisch? Schreibe die gesuchten Gegenstände mit Artikel und Seitenzahl auf. Schreibe so:
  ① das Messer (Seite …)

Grundwortschatz 1 und 2 · Übungen

Jetzt schlägt es dreizehn!

- Schlage die Zahlen 1, 2, 3, 4, 5, 6, 7, 8, 9, 10, 11 und 12 nach.
  Schreibe so: 1 = eins (Seite ...), 2 = ...

Im Wald

- Schreibe die Teile des Baums auf. Notiere die Mehrzahl und die Seitenzahl. Schreibe so:
  ① der Zweig, die Zweige (Seite ...)

☞ Schreibe den Text ab. Vervollständige die fehlenden Wörter, schlage sie nach und notiere dahinter die Seitenzahl.

Im Wa 🌳 stehen viele Bäume. Alle bestehen aus Ho 🌳 und Blä 🌳 . Ein B 🌳 gefällt mir besonders gut. Die Blätter an der Kro 🌳 dieses Baums leuchten schön. Am Boden wächst weiches Mo 🌳 und ich entdecke dort viele glänzende Kasta 🌳 .

Grundwortschatz 1 und 2 · Übungen

Im Herbst

- Schlage die dargestellten Begriffe im Wörterbuch nach. Notiere die Nomen in der Einzahl und Mehrzahl. Vergiss auch die Artikel und die Seitenzahl nicht. Achtung: Bei einem Nomen gibt es keine Mehrzahl!
  Schreibe so: ① die Birne, die Birnen (Seite …)

☞ Warum gehören diese Wörter zur Jahreszeit Herbst? Suche dir fünf Begriffe aus und begründe. Schreibe so:
Drachen gehören zum Herbst, weil …

Die Jahreszeiten

Herbst   Winter   Frühling   Sommer

- Hier ist nur die Hälfte der Wörter zu lesen. Weißt du, wie die Jahreszeiten heißen? Schlage sie nach und notiere den Artikel und die Seitenzahl.
  Schreibe so: der Herbst (Seite …)

Grundwortschatz 1 und 2 · Übungen

Die Monate des Jahres

[1] Januar   [5] Mai   [9] September
[2] Februar   [6] Juni   [10] Oktober
[3] März   [7] Juli   [11] November
[4] April   [8] August   [12] Dezember

- Was ist denn hier passiert?
  Alle Monate sind in Spiegelschrift geschrieben. Schlage sie nach und notiere die Seitenzahl.
  Achte besonders darauf, alle Buchstaben wieder richtig herum zu schreiben.
  Schreibe so:
  Der 1. Monat ist der Januar (Seite …).
  Der 2. Monat ist der …

☞ Welche Monate gehören zu welcher Jahreszeit? Nimm einen Kalender oder den Jahreskreis in deinem Sachbuch als Hilfe.
  Schreibe so: Zum Frühling gehören die Monate März, …

Grundwortschatz 1 und 2 · Übungen

Wochentage

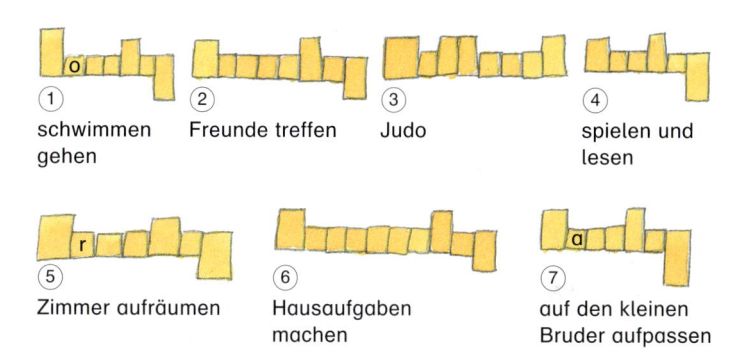

① schwimmen gehen
② Freunde treffen
③ Judo
④ spielen und lesen
⑤ Zimmer aufräumen
⑥ Hausaufgaben machen
⑦ auf den kleinen Bruder aufpassen

- Burak stellt seinem Freund Martin ein Rätsel. Wenn du die Geheimschrift entzifferst, weißt du, was Burak an welchem Tag macht.
Tipp: Die Wörter im Kasten können dir bei der Lösung helfen.
Schlage nach und notiere den Artikel, die Mehrzahl und die Seitenzahl. Schreibe so:
① der Sonntag, die Sonntage (Seite ...)

👉 Bilde Sätze und schreibe so:
① Am Sonntag geht er schwimmen.

der Montag
der Dienstag
der Mittwoch
der Donnerstag
der Freitag
der Samstag
der Sonntag

Grundwortschatz 1 und 2 · Übungen

Die Zeit vergeht wie im Fluge!

MORGEN NACHMITTAG ABEND NACHT UHR

KALENDER SEKUNDE MINUTE STUNDE TAG

WOCHE MONAT JAHR GESTERN HEUTE

- Die Flugzeuge ziehen fünfzehn Begriffe hinter sich her, die mit dem Thema „Zeit" zu tun haben. Schlage sie nach und schreibe sie mit den Seitenzahlen auf. Achte auf die Groß- und Kleinschreibung! Schreibe so: der Morgen (Seite …)

Einladung zur Familienfeier

- Maria plant eine Familienfeier. Wen soll sie einladen? Finde in dem Suchrätsel 10 Nomen. Schlage sie im Wörterbuch nach und notiere die Artikel, die Mehrzahl und die Seitenzahlen. Schreibe so: die Tante, die Tanten (Seite …)

K	M	u	t	t	e	r	U	t	V
K	i	n	d	o	V	a	t	e	r
C	R	J	T	a	n	t	e	s	N
T	B	r	u	d	e	r	M	F	c
e	O	m	a	C	h	O	p	a	i
H	O	n	k	e	l	M	l	M	w
t	i	c	E	l	t	e	r	n	D
S	c	h	w	e	s	t	e	r	f

Grundwortschatz 1 und 2 · Übungen

Runde Ecken und feste Flüssigkeiten?

① dunkel	④ fest	⑦ schlecht	⑩ reich	⑬ klein
② spät	⑤ kurz	⑧ rund	⑪ langsam	⑭ dick
③ laut	⑥ weit	⑨ hart	⑫ alt	⑮ leicht

- Finde immer das Gegenteil zu dem gesuchten Adjektiv. Schlage nach und notiere jeweils beide Seitenzahlen. Schreibe so:
  ① dunkel (Seite ...) – hell (Seite ...)

☞ Denke dir zu den Adjektiven einen sinnvollen Satz aus. Schreibe zum Beispiel so:
Nachts ist es nicht hell, sondern dunkel.

So sehe ich aus!

- Sicherlich weißt du bereits, wie die Teile deines Körpers heißen. Schlage sie im Wörterbuch nach und schreibe die Körperteile in Einzahl und Mehrzahl zusammen mit dem Artikel und der Seitenzahl auf. Schreibe so:
  ① das Gesicht, die Gesichter (Seite ...)

Grundwortschatz 1 und 2 · Übungen

Ristorante Enzo

Heute ist ein besonderer Tag. Herr Manolis hat Geburtstag und lädt seine Familie in sein Lieblingsrestaurant ein. Der 🧑‍🍳 begrüßt sie freundlich und bringt gleich die Karte. Auf dem Tisch stehen bereits Pfeffer, 🧂 und 🥖. Katja weiß schon, was sie möchte: Sie nimmt immer 🍝 mit 🍅 und 🍗. Ihre Mutter bestellt verschiedene 🌾 mit 🌭 und 🥚. Herr Manolis freut sich auf frischen 🐟 mit 🥗. Zum Nachtisch bekommt Katja ein leckeres 🍨 mit frischen 🍓 und ihr Vater ein großes Stück 🍰. Ihre Mutter isst ein Stück 🥧 und trinkt eine Tasse schwarzen ☕ mit viel 🍬. Nun sind alle satt und nach dem Bezahlen gehen sie zufrieden nach Hause.

- Ersetze die Bilder durch Wörter und schreibe den Text in dein Heft ab. Notiere hinter den Wörtern die Seitenzahl, auf der du das Wort gefunden hast.

Grundwortschatz 1 und 2 · Übungen

Haustier oder Insekt?

- Schlage die Tiernamen nach und schreibe sie mit ihrem Artikel und der Seitenzahl auf. Ordne sie dabei nach Haustieren und Insekten. Schreibe so:
  Haustiere: der Hamster (Seite ...), ...
  Insekten: die Biene (Seite ...), ...

☞ Ordne alle Haustiere und Insekten nach dem ABC.
  Schreibe so: die Ameise, die Biene, ...

Grundwortschatz   Klasse 3 und 4

Einleitung

- In dieser Wörterliste findest du neben der richtigen Schreibweise eines Wortes zahlreiche weitere Informationen.

- Die (runden Klammern) bieten dir Erklärungen zu den Wörtern, zum Beispiel:

  die **Antarktis** (Südpol)

- Steht dazu noch ein **auch** in den Klammern (auch: ...), so kannst du erkennen, dass es noch eine weitere richtige Schreibweise gibt, zum Beispiel:

  muslimisch (auch: moslemisch)

- Abkürzungen stehen in [eckigen Klammern], zum Beispiel:

  der **Zentimeter** [cm]

Grundwortschatz 3 und 4 · Einleitung

- Wie du ein Wort richtig trennen kannst, zeigen dir die Sil|ben|trenn|stri|che. Manchmal gibt es dabei auch verschiedene Möglichkeiten, die richtig sind, zum Beispiel:

  he|rum (auch: her|um)

- Bei den Verben werden neben der Grundform (Infinitiv) immer auch die Gegenwartsform (Präsens), die Vergangenheitsform (Präteritum oder Imperfekt) und die zusammengesetzte Vergangenheitsform (Perfekt) aufgeführt, zum Beispiel:

  gehen, er geht, er ging, er ist gegangen

- Quiesel gibt dir Tipps zu kniffligen Rechtschreibproblemen und Fremdwörtern.

- Die 💡 zeigt dir, zu welchen Wörtern du einen Tipp von Quiesel findest.

Angst / angst

Großschreibung
Angst haben,
sie hat Angst
Angst machen,
es macht mir Angst

Kleinschreibung
mir ist angst und bange

Grundwortschatz 3 und 4 · Einleitung

So wirst du ein Wörterbuch-Profi:

- Damit du beim Nachschlagen immer schneller und sicherer wirst, ist es wichtig, dass du das Wörterbuch regelmäßig verwendest.

- Schlage immer dann ein Wort sofort nach, wenn du unsicher bist, wie das Wort richtig geschrieben wird.

- Beim Überarbeiten deiner Texte solltest du dir – wenn es geht – die Zeit nehmen, alle Wörter nachzuschlagen.

- Spezielle Übungen helfen dir dabei, bei der Verwendung deines Wörterbuches immer besser zu werden. Solche Übungen findest du auf den Seiten 213–226.

- Die Lösungen zu den Aufgaben findest du ab Seite 233.

☞ ist das Zeichen für Zusatzaufgaben.

Ab

Aa

ab
ab|bie|gen,
er biegt ab,
er bog ab,
er ist abgebogen
die **Ab|bil|dung**,
die Abbildungen
der **Abend**, 💡
die Abende
abends 💡

Abend / abends

Großschreibung
am Abend
eines Abends
heute Abend
am Montagabend
es wird Abend
Guten Abend!

Kleinschreibung
abends
montagabends
morgens und abends

das **Aben|teu|er**,
die Abenteuer
aber
ab|fah|ren,
sie fährt ab,
sie fuhr ab,
sie ist abgefahren
der **Ab|fall**, die Abfälle
die **Ab|ga|se**
der **Ab|grund**,
die Abgründe
ab|kop|peln,
er koppelt ab,
er koppelte ab,
er hat abgekoppelt
der **Ab|schied**,
die Abschiede
der **Ab|schluss**,
die Abschlüsse
ab|sen|den,
sie sendet ab,
sie sandte ab,
sie hat abgesandt
der **Ab|sen|der**,
die Absender
ab|seits

Ab bis Ak

ab|stel|len,
er stellt ab,
er stellte ab,
er hat abgestellt
die **Ab|wehr**
die **Ach|se**, die Achsen
acht
ach|ten, sie achtet,
sie achtete,
sie hat geachtet

acht / Acht

Kleinschreibung
acht Jahre alt
es ist halb acht
acht mal vier

der achtjährige
Junge
der 8-jährige Junge
achtmal
8-mal

Großschreibung
die Zahl Acht
ein Achtel
eine Acht fahren

acht|zehn
acht|zig
der **Acker**, die Äcker
das **Ad|jek|tiv** (Wiewort),
die Adjektive
der **Ad|ler**, die Adler
die **Ad|res|se,**
die Adressen
der **Ad|vent**
der **Af|fe**, die Affen
Af|ri|ka
af|ri|ka|nisch
ah|nen,
er ahnt,
er ahnte,
er hat geahnt
die **Ah|nen|ta|fel**
ähn|lich,
ähnlicher,
am ähnlichsten
die **Ähn|lich|keit**,
die Ähnlichkeiten
die **Ah|nung**,
die Ahnungen
der **Ahorn|baum**,
die Ahornbäume
die **Äh|re**, die Ähren
der **Ak|ku**, die Akkus

Ak bis An

der **Ak|ro|bat**,
die Akrobaten
die **Ak|ro|ba|tin**,
die Akrobatinnen
die **Ak|tion**,
die Aktionen
ak|tiv, aktiver,
am aktivsten
Al|ba|ni|en
das **All**
al|le
die **Al|lee**, die Alleen
al|lein, alleine
al|ler|dings
die **Al|ler|gie**, (auch:
All|er|gie),
die Allergien
al|ler|gisch (auch:
all|er|gisch),
al|les
all|mäh|lich
die **Al|pen** (Gebirge)
das **Al|pha|bet**,
die Alphabete
als
al|so
alt, älter,
am ältesten
das **Al|ter**
das **Alu|mi|ni|um** (Metall)
am
die **Amei|se**,
die Ameisen
Ame|ri|ka
ame|ri|ka|nisch
die **Am|pel**, die Ampeln
die **Am|sel**, die Amseln
an
die **Ana|nas**,
die Ananas
an|de|re
än|dern, sie ändert,
sie änderte,
sie hat geändert
an|ders
An|dor|ra
der **An|fang**,
die Anfänge
an|fan|gen,
es fängt an,
es fing an,
es hat angefangen
an|fas|sen,
er fasst an,
er fasste an,
er hat angefasst

An

an|ge|ben,
sie gibt an,
sie gab an,
sie hat angegeben
an|geb|lich
an|geln, er angelt,
er angelte,
er hat geangelt
an|ge|nehm,
angenehmer,
am angenehmsten
der **Ang|ler**, die Angler
die **Angst**, die Ängste 💡
ängst|lich

Angst/angst

Großschreibung
Angst haben,
sie hat Angst
Angst machen,
es macht mir Angst

Kleinschreibung
mir ist angst und bange

an|kli|cken,
sie klickt an,
sie klickte an,
sie hat angeklickt
an|kom|men,
er kommt an,
er kam an,
er ist angekommen
die **An|la|ge**,
die Anlagen
sich **an|leh|nen**,
sie lehnt sich an,
sie lehnte sich an,
sie hat sich angelehnt
die **An|lei|tung**,
die Anleitungen
an|neh|men,
er nimmt an,
er nahm an,
er hat angenommen
der **Ano|rak**,
die Anoraks
die **An|re|de**,
die Anreden
der **An|ruf**, die Anrufe
die **An|sa|ge**,
die Ansagen

An bis Ar

an|schau|en,
er schaut an,
er schaute an,
er hat angeschaut
an|schau|lich,
anschaulicher,
am anschaulichsten
an|schlie|ßend
die **An|schrift**,
die Anschriften
sich **an|stren|gen**,
sie strengt sich an,
sie strengte sich an,
sie hat sich
angestrengt
an|stren|gend,
anstrengender,
am anstrengendsten
die **Ant|ark|tis** (Südpol)
die **An|ten|ne**,
die Antennen
die **Ant|wort**,
die Antworten
ant|wor|ten,
sie antwortet,
sie antwortete,
sie hat geantwortet
die **An|zahl**

die **An|zei|ge**,
die Anzeigen
sich **an|zie|hen**,
er zieht sich an,
er zog sich an,
er hat sich
angezogen
der **An|zug**,
die Anzüge
der **Ap|fel**,
die Äpfel
die **Ap|fel|si|ne**,
die Apfelsinen
die **Apo|the|ke**,
die Apotheken
der **Apo|the|ker**,
die Apotheker
die **Apo|the|ke|rin**,
die Apothekerinnen
der **Ap|pa|rat**,
die Apparate
die **Ap|ri|ko|se**,
die Aprikosen
der **Ap|ril**
das **Aqua|ri|um**,
die Aquarien
die **Ar|beit**,
die Arbeiten

Ar bis At

ar|bei|ten,
er arbeitet,
er arbeitete,
er hat gearbeitet
der **Ar|chäo|lo|ge**,
die Archäologen
der **Ar|chi|tekt**,
die Architekten
die **Ar|chi|tek|tin**,
die Architektinnen
der **Är|ger**
är|ger|lich,
ärgerlicher,
am ärgerlichsten
är|gern, sie ärgert,
sie ärgerte,
sie hat geärgert
das **Ar|gu|ment**,
die Argumente
die **Ark|tis** (Nordpol)
arm, ärmer,
am ärmsten
der **Arm**, die Arme
die **Arm|band|uhr**,
die Armbanduhren
der **Är|mel**, die Ärmel
die **Art**,
die Arten

ar|tig, artiger,
am artigsten
der **Ar|ti|kel**,
die Artikel
der **Ar|tist**,
die Artisten
die **Ar|tis|tin**,
die Artistinnen
der **Arzt**,
die Ärzte
die **Ärz|tin**,
die Ärztinnen
asi|a|tisch
Asi|en
die **As|sel** (Krebstier),
die Asseln
der **Ast**,
die Äste
der **As|tro|naut** (auch:
Ast|ro|naut),
die Astronauten
der **Atem**
atem|los
der **At|las**,
die Atlanten
at|men, er atmet,
er atmete,
er hat geatmet

At bis Au

die **At|mung**
auch
auf
auf|bau|en,
sie baut auf,
sie baute auf,
sie hat aufgebaut
die **Auf|ga|be**,
die Aufgaben
auf|hän|gen,
er hängt auf,
er hängte auf,
er hat aufgehängt
auf|hö|ren,
sie hört auf,
sie hörte auf,
sie hat aufgehört
auf|merk|sam,
aufmerksamer,
am aufmerksamsten
auf|pas|sen,
er passt auf,
er passte auf,
er hat aufgepasst
auf|räu|men,
sie räumt auf,
sie räumte auf,
sie hat aufgeräumt

auf|re|gend,
aufregender,
am aufregendsten
die **Auf|re|gung**
auf|rich|ten,
er richtet auf,
er richtete auf,
er hat aufgerichtet
der **Auf|satz**,
die Aufsätze
auf|schre|cken,
sie schreckt auf,
sie schreckte auf,
sie ist aufgeschreckt
der **Auf|wand**
auf|wän|dig
auf|we|cken,
er weckt auf,
er weckte auf,
er hat aufgeweckt
das **Au|ge**,
die Augen
der **Au|gen|blick**,
die Augenblicke
die **Au|gen|braue**,
die Augenbrauen
das **Au|gen|lid**,
die Augenlider

Au

der **Au|gust**
aus
die **Aus|bil|dung**,
   die Ausbildungen
aus|ein|an|der
   (auch: aus|ei|nan|der)
aus|höh|len,
   er höhlt aus,
   er höhlte aus,
   er hat ausgehöhlt
die **Aus|kunft**,
   die Auskünfte
aus|lei|hen,
   sie leiht aus,
   sie lieh aus,
   sie hat ausgeliehen
die **Aus|nah|me**,
   die Ausnahmen
aus|nahms|wei|se
aus|pa|cken,
   er packt aus,
   er packte aus,
   er hat ausgepackt
aus|schei|den,
   sie scheidet aus,
   sie schied aus,
   sie ist ausgeschieden
aus|schnei|den,
   er schneidet aus,
   er schnitt aus,
   er hat ausgeschnitten
aus|se|hen,
   sie sieht aus,
   sie sah aus,
   sie hat ausgesehen
au|ßen
au|ßer
au|ßer|dem
aus|stel|len,
   er stellt aus,
   er stellte aus,
   er hat ausgestellt
die **Aus|stel|lung**,
   die Ausstellungen
Aus|tra|li|en
   (auch: Aust|ra|li|en)
aus|tra|lisch
   (auch: aust|ra|lisch)
die **Aus|wahl**
aus|wäh|len,
   sie wählt aus,
   sie wählte aus,
   sie hat ausgewählt
der **Aus|weis**,
   die Ausweise

Au bis Ba

aus|wen|dig
aus|zie|hen,
er zieht aus,
er zog aus,
er ist ausgezogen
sich **aus|zie|hen**,
sie zieht sich aus,
sie zog sich aus,
sie hat sich
ausgezogen
das **Au|to**,
die Autos
der **Au|tor** (Schrift-
steller), die Autoren
die **Au|to|rin** (Schrift-
stellerin),
die Autorinnen
die **Axt**,
die Äxte

Bb

das **Ba|by**,
die Babys
der **Bach**,
die Bäche
die **Bach|stel|ze** (Vogel),
die Bachstelzen
die **Ba|cke**,
die Backen
ba|cken, er backt,
er buk,
er hat gebacken
der **Ba|cken|zahn**,
die Backenzähne
der **Bä|cker**,
die Bäcker
die **Bä|cke|rei**,
die Bäckereien
die **Bä|cke|rin**,
die Bäckerinnen
das **Bad**,
die Bäder
ba|den, sie badet,
sie badete,
sie hat gebadet
**Ba|den-Würt|tem-
berg**

Ba

der **Bag|ger**, die Bagger
die **Bahn**,
   die Bahnen
der **Bahn|hof**,
   die Bahnhöfe
die **Bak|te|rie**,
   die Bakterien
die **Ba|lan|ce** (Gleich-
   gewicht)
   ba|lan|cie|ren,
   er balanciert,
   er balancierte,
   er ist balanciert
bald
der **Bal|ken**,
   die Balken
der **Bal|kon**,
   die Balkone
   (auch: die Balkons)
der **Ball**, die Bälle
der **Bal|lon**,
   die Ballons
die **Ba|na|ne**,
   die Bananen
das **Band**,
   die Bänder
die **Band** (Musikgruppe),
   die Bands

die **Ban|de**,
   die Banden
der **Ban|dit**,
   die Banditen
die **Bank** (Sitzbank),
   die Bänke
die **Bank** (Geldbank),
   die Banken
der **Bär**, die Bären
   bä|ren|stark
   bar|fuß
die **Bä|rin**,
   die Bärinnen
der **Bart**, die Bärte
   bär|tig,
   bärtiger,
   am bärtigsten
bas|teln,
   er bastelt,
   er bastelte,
   er hat gebastelt
der **Bau** (Tierhöhle),
   die Baue
der **Bauch**,
   die Bäuche
bau|en, sie baut,
   sie baute,
   sie hat gebaut

Ba bis Beg

der **Bau|er** (Landwirt),
die Bauern
die **Bäu|e|rin**
(Landwirtin),
die Bäuerinnen
der **Baum**, die Bäume
Bay|ern
be|ant|wor|ten,
sie beantwortet,
sie beantwortete,
sie hat beantwortet
be|ar|bei|ten,
er bearbeitet,
er bearbeitete,
er hat bearbeitet
der **Be|cher**,
die Becher
das **Be|cken**,
die Becken
be|deu|ten,
es bedeutet,
es bedeutete,
es hat bedeutet
die **Be|deu|tung**,
die Bedeutungen
be|drückt,
bedrückter,
am bedrücktesten

die **Bee|re**,
die Beeren
das **Beet**,
die Beete
be|fes|ti|gen,
sie befestigt,
sie befestigte,
sie hat befestigt
be|frei|en,
er befreit,
er befreite,
er hat befreit
be|geg|nen,
sie begegnet,
sie begegnete,
sie ist begegnet
be|geis|tert
die **Be|geis|te|rung**
be|gin|nen,
es beginnt,
es begann,
es hat begonnen
be|glei|ten,
er begleitet,
er begleitete,
er hat begleitet
die **Be|glei|ter**,
die Begleiter

Beg bis Ben

    be|grü|ßen,
    sie begrüßt,
    sie begrüßte,
    sie hat begrüßt
die **Be|grü|ßung**,
    die Begrüßungen
    be|hal|ten,
    er behält,
    er behielt,
    er hat behalten
der **Be|häl|ter**,
    die Behälter
    bei
    bei|de
    beim
das **Bein**,
    die Beine
    bei|na|he
das **Bei|spiel**,
    die Beispiele
    bei|ßen,
    er beißt,
    er biss,
    er hat gebissen
    be|kannt,
    bekannter,
    am bekanntesten
die **Be|klei|dung**

    be|kom|men,
    sie bekommt,
    sie bekam,
    sie hat bekommen
    be|lei|di|gen,
    er beleidigt,
    er beleidigte,
    er hat beleidigt
    be|lei|digt
die **Be|lei|di|gung**,
    die Beleidigungen
    Bel|gi|en
    bel|len, sie bellt,
    sie bellte,
    sie hat gebellt
    be|loh|nen,
    er belohnt,
    er belohnte,
    er hat belohnt
die **Be|loh|nung**,
    die Belohnungen
die **Be|mü|hung**,
    die Bemühungen
    be|nut|zen,
    sie benutzt,
    sie benutzte,
    sie hat benutzt
das **Ben|zin**

Beo bis Bes

be|ob|ach|ten (auch:
be|o|bach|ten),
er beobachtet,
er beobachtete,
er hat beobachtet
die **Be|ob|ach|tung**
(auch:
Be|o|bachtung),
die Beobachtungen
be|quem, bequemer,
am bequemsten
be|rech|nen,
sie berechnet,
sie berechnete,
sie hat berechnet
be|reit
be|reits
der **Berg**, die Berge
der **Be|richt**,
die Berichte
be|rich|ten,
er berichtet,
er berichtete,
er hat berichtet
die **Be|rich|ti|gung**,
die Berichtigungen
Ber|lin
der **Be|ruf**, die Berufe

be|ru|hi|gen,
sie beruhigt,
sie beruhigte,
sie hat beruhigt
be|rühmt,
berühmter,
am berühmtesten
der **Be|rüh|rung**,
die Berührungen
der **Be|scheid**,
die Bescheide
die **Be|sche|rung**,
die Bescherungen
be|schlie|ßen,
er beschließt,
er beschloss,
er hat beschlossen
be|schrei|ben,
sie beschreibt,
sie beschrieb,
sie hat beschrieben
die **Be|schrei|bung**,
die Beschreibungen
be|schwer|lich,
beschwerlicher,
am beschwer-
lichsten
der **Be|sen**, die Besen

Bes bis Beu

be|sich|ti|gen,
sie besichtigt,
sie besichtigte,
sie hat besichtigt
be|son|ders
be|sor|gen,
er besorgt,
er besorgte,
er hat besorgt
bes|ser, am besten
bes|te 💡
das **Be|steck**
be|stim|men,
sie bestimmt,
sie bestimmte,
sie hat bestimmt

beste / Beste

Kleinschreibung
die beste Schülerin
es ist am besten
bestens

Großschreibung
die Beste der Klasse
es ist das Beste

be|stimmt
der **Be|such**,
die Besuche
be|su|chen,
sie besucht,
sie besuchte,
sie hat besucht
be|to|nen,
er betont,
er betonte,
er hat betont
die **Be|to|nung**,
die Betonungen
be|trach|ten,
sie betrachtet,
sie betrachtete,
sie hat betrachtet
der **Be|trieb**,
die Betriebe
be|trof|fen
das **Bett**, die Betten
bet|teln,
er bettelt,
er bettelte,
er hat gebettelt
beu|gen,
er beugt, er beugte,
er hat gebeugt

Beu bis Bi

die **Beu|te**
der **Beu|tel**, die Beutel
die **Be|völ|ke|rung**,
　　die Bevölkerungen
　be|vor
　be|wah|ren,
　　sie bewahrt,
　　sie bewahrte,
　　sie hat bewahrt
sich **be|we|gen**,
　　er bewegt sich,
　　er bewegte sich,
　　er hat sich bewegt
　be|weg|lich,
　　beweglicher,
　　am beweglichsten
die **Be|we|gung**,
　　die Bewegungen
der **Be|weis**, die Beweise
　be|wei|sen,
　　sie beweist,
　　sie bewies,
　　sie hat bewiesen
die **Be|wöl|kung**
　be|zah|len,
　　er bezahlt,
　　er bezahlte,
　　er hat bezahlt

die **Bi|bel**, die Bibeln
der **Bi|ber**, die Biber
die **Bi|blio|thek** (auch:
　　Bib|lio|thek),
　　die Bibliotheken
　bie|gen, sie biegt,
　　sie bog,
　　sie hat gebogen
die **Bie|ne**,
　　die Bienen
das **Bier**, die Biere
das **Bild**, die Bilder
der **Bild|schirm**,
　　die Bildschirme
　bil|lig, billiger,
　　am billigsten
ich **bin**
　bin|den, er bindet,
　　er band,
　　er hat gebunden
der **Bind|fa|den**,
　　die Bindfäden
der **Bio|müll**
die **Bir|ke**,
　　die Birken
die **Bir|ne**,
　　die Birnen
　bis

Bi bis Bl

der **Biss**,
die Bisse
biss|chen
der **Bis|sen**,
die Bissen
du **bist**
die **Bit|te**, die Bitten
bit|te
bit|ten, sie bittet,
sie bat,
sie hat gebeten
bit|ter, bitterer,
am bittersten
bla|sen, er bläst,
er blies,
er hat geblasen
blass, blasser,
am blassesten
das **Blatt**, die Blätter
blau 💡
blei|ben, er bleibt,
er blieb,
er ist geblieben
der **Blick**, die Blicke
bli|cken,
sie blickt,
sie blickte,
sie hat geblickt

blind
die **Blin|den|schrift**
blin|ken, es blinkt,
es blinkte,
es hat geblinkt
der **Blitz**,
die Blitze
blit|zen, es blitzt,
es blitzte,
es hat geblitzt
blitz|schnell

blau / Blau

Kleinschreibung
mein T-Shirt ist blau
mein blaues T-Shirt
blau kariert
blau gestreift
dunkelblau
hellblau
himmelblau

Großschreibung
das Blau des
Himmels
ein tiefes Blau

Bl bis Br

der **Block**,
die Blöcke
blöd, blöder,
am blödesten
bloß
blü|hen, es blüht,
es blühte,
es hat geblüht
die **Blu|me**,
die Blumen
der **Blu|men|kohl**
das **Blut**
die **Blü|te**, die Blüten
blu|tig
der **Bo|den**,
die Böden
der **Bo|den|see**
der **Bo|gen**,
die Bögen
die **Boh|ne**,
die Bohnen
boh|ren, er bohrt,
er bohrte,
er hat gebohrt
der **Boh|rer**,
die Bohrer
der (das) **Bon|bon**,
die Bonbons

das **Boot**,
die Boote
die **Bor|ke**,
die Borken
der **Bor|ken|kä|fer**,
die Borkenkäfer
bö|se,
böser,
am bösesten
Bos|ni|en-Her|ze|go|wi|na
die **Bot|schaft**,
die Botschaften
bo|xen, sie boxt,
sie boxte,
sie hat geboxt
der **Bo|xer**,
die Boxer
der **Brand**,
die Brände
Bran|den|burg
bra|ten, sie brät,
sie briet,
sie hat gebraten
brau|chen,
er braucht,
er brauchte,
er hat gebraucht

Br

    braun 💡
die **Braut**
der **Bräu|ti|gam**
das **Braut|paar**,
    die Brautpaare
    brav, braver,
    am bravsten
    bre|chen, es bricht,
    es brach,
    es ist gebrochen
der **Brei**, die Breie

braun / Braun

Kleinschreibung
meine Hose ist braun
meine braune Hose
braun kariert
braun gestreift
dunkelbraun
hellbraun
kastanienbraun

Großschreibung
das Braun der
Kastanie
ein helles Braun

    breit, breiter,
    am breitesten
    Bre|men
die **Brem|se**,
    die Bremsen
    brem|sen, er bremst,
    er bremste,
    er hat gebremst
    bren|nen, es brennt,
    es brannte,
    es hat gebrannt
    bren|nend
die **Brenn|nes|sel**,
    die Brennnesseln
der **Brenn|stoff**,
    die Brennstoffe
das **Brett**,
    die Bretter
die **Bre|zel**,
    die Brezeln
der **Brief**, die Briefe
die **Bril|le**,
    die Brillen
    brin|gen, sie bringt,
    sie brachte,
    sie hat gebracht
die **Brom|bee|re**,
    die Brombeeren

Br bis Bu

das **Brot**, die Brote
das **Bröt|chen**,
die Brötchen
der **Bruch**,
die Brüche
die **Brü|cke**,
die Brücken
der **Bru|der**,
die Brüder
die **Brü|he**,
die Brühen
brü|hen,
sie brüht,
sie brühte,
sie hat gebrüht
brül|len, er brüllt,
er brüllte,
er hat gebrüllt
brum|men,
sie brummt,
sie brummte,
sie hat gebrummt
der **Brum|mer**,
die Brummer
der **Brun|nen**,
die Brunnen
die **Brust**,
die Brüste

das **Buch**,
die Bücher
die **Bu|che** (Baum),
die Buchen
die **Buch|ecker**,
die Bucheckern
die **Bü|che|rei**,
die Büchereien
der **Buch|fink** (Vogel),
die Buchfinken
die **Büch|se**,
die Büchsen
der **Buch|sta|be**,
die Buchstaben
der **Bü|cher|wurm**,
die Bücherwürmer
sich **bü|cken**,
sie bückt sich,
sie bückte sich,
sie hat sich gebückt
die **Bu|de**,
die Buden
der **Büf|fel**,
die Büffel
der **Bü|gel**,
die Bügel
die **Büh|ne**,
die Bühnen

Bu

Bul|ga|ri|en
bum|meln,
er bummelt,
er bummelte,
er hat gebummelt
bunt
die **Burg**,
die Burgen
der **Bür|ger**,
die Bürger
die **Bür|ge|rin**,
die Bürgerinnen
das **Bü|ro**,
die Büros
die **Bü|ro|klam|mer**,
die Büroklammern
die **Bürs|te**,
die Bürsten
der **Bus**, die Busse
der **Busch**,
die Büsche
bu|schig,
buschiger,
am buschigsten
das **Busch|wind|rös-**
chen (Pflanze),
die Buschwind-
röschen

der **Bus|sard**
(Raubvogel),
die Bussarde
die **But|ter**

Cc

das **Ca|fé**,
die Cafés
das **Cam|ping**.
der **Cam|ping|platz**,
die Campingplätze
die **CD**, die CDs
der **CD-Play|er** (auch:
CD-Pla|yer),
die CD-Player
die **CD-ROM**,
die CD-ROMs
der **Cent** [ct],
die Cent(s)
das **Cha|mä|le|on**
(Echse),
die Chamäleons
der **Chef**,
die Chefs
die **Che|fin**,
die Chefinnen
Chi|na
chi|ne|sisch
der **Chor**,
die Chöre
der **Christ**,
die Christen

das **Christ|kind**
cle|ver (klug),
cleverer,
am cleversten
der **Clown**,
die Clowns
cm (Abkürzung
für Zentimeter)
die (das) **Co|la**,
die Colas
der **Co|mic**,
die Comics
der **Com|pu|ter**,
die Computer
der **Cow|boy**,
die Cowboys

Dd

    da
    da|bei
das **Dach**,
    die Dächer
der **Dach|de|cker**,
    die Dachdecker
der **Dachs**,
    die Dachse
der **Da|ckel**,
    die Dackel
    da|durch
    da|für
    da|ge|gen
    da|mals
die **Da|me**, die Damen
    da|mit
    däm|lich, dämlicher,
    am dämlichsten
der **Damm**,
    die Dämme
der **Dampf**,
    die Dämpfe
    damp|fen,
    es dampft,
    es dampfte,
    es hat gedampft

der **Damp|fer**,
    die Dampfer
    da|nach
    da|ne|ben
    Dä|ne|mark
der **Dank**
    dank|bar,
    dankbarer,
    am dankbarsten
    dan|ken, sie dankt,
    sie dankte,
    sie hat gedankt
    dann
    da|ran (auch: dar|an)
    da|rauf (auch: dar|auf)
    da|raus (auch: dar|aus)
    da|rin (auch: dar|in)
    da|rü|ber (auch: dar|ü|ber)
    da|rum (auch: dar|um)
    da|run|ter (auch: dar|un|ter)

Da bis De

das 💡
dass 💡
das **Da|tum**
dau|ern,
es dauert,
es dauerte,
es hat gedauert
da|von
da|zu

das /dass

das (Artikel, Begleiter)
Ich treffe *das* Kind.
Du gehst in *das* Haus
Ich glaube *das*
(auch: *dies*) nicht.
Er nimmt das Rad,
das (auch: *welches*)
dort steht.

dass (Bindewort)
Ich glaube, *dass* es
regnen wird.
Ich glaube, *dass* du
krank wirst.

die **De|cke**,
die Decken
de|cken, sie deckt,
sie deckte,
sie hat gedeckt
deh|nen, er dehnt,
er dehnte,
er hat gedehnt
dein, deine
der **Del|fin**,
die Delfine
die **Del|le**, die Dellen
dem
dem|nächst
den
de|nen
den|ken, er denkt,
er dachte,
er hat gedacht
denn
der
des
des|halb
des|sen
der **De|tek|tiv**,
die Detektive
die **De|tek|ti|vin**,
die Detektivinnen

De bis Di

    deut|lich
    deutsch
    Deutsch|land
der **De|zem|ber**
der **De|zi|me|ter** [dm], die Dezimeter
das **Dia|gramm**, die Diagramme
    dich
    dicht, dichter, am dichtesten
    dich|ten, sie dichtet, sie dichtete, sie hat gedichtet
der **Dich|ter**, die Dichter
die **Dich|te|rin**, die Dichterinnen
    dick, dicker, am dicksten
    die
der **Dieb**, die Diebe
der **Dienst**, die Dienste
der **Diens|tag**, die Dienstage
die **Dienst|stel|le**, die Dienststellen

    dies
    die|se, diesem, diesen, dieser, dieses
die **Di|gi|tal|ka|me|ra**, die Digitalkameras
das **Dik|tat**, die Diktate
    dik|tie|ren, sie diktiert, sie diktierte, sie hat diktiert
das **Ding**, die Dinge
der **Di|no|sau|ri|er**, die Dinosaurier

Dienstag / dienstags

Großschreibung
der Dienstag
am Dienstag
am Dienstagmorgen

Kleinschreibung
dienstags
dienstagabends

Di bis Dr

    dir
der **Di|rek|tor**,
    die Direktoren
die **Di|rek|to|rin**,
    die Direktorinnen
die **Dis|kus|si|on**,
    die Diskussionen
    dis|ku|tie|ren,
    er diskutiert,
    er diskutierte,
    er hat diskutiert
    dm (Abkürzung für Dezimeter)
    doch
der **Docht**,
    die Dochte
der **Dok|tor**,
    die Doktoren
die **Dok|to|rin**,
    die Doktorinnen
die **Dol|de** (Blütenform),
    die Dolden
    Do|nau (Fluss)
der **Don|ner**
    don|nern,
    es donnert,
    es donnerte,
    es hat gedonnert

der **Don|ners|tag**,
    die Donnerstage
    dop|pelt, doppelte
das **Dorf**,
    die Dörfer
der **Dorn**,
    die Dornen
    dort
die **Do|se**,
    die Dosen
der **Dra|che** (Tier),
    die Drachen
der **Dra|chen** (Spielzeug), die Drachen

Donnerstag / donnerstags

Großschreibung
der Donnerstag
am Donnerstag
am Donnerstagmorgen

Kleinschreibung
donnerstags
donnerstagabends

Dr

der **Dra|chen|flie|ger**,
die Drachenflieger
drän|geln,
er drängelt,
er drängelte,
er hat gedrängelt
drän|gen,
sie drängt,
sie drängte,
sie hat gedrängt
drau|ßen
der **Dreck**
dre|ckig, dreckiger,
am dreckigsten
das **Dreh|buch**,
die Drehbücher
dre|hen, sie dreht,
sie drehte,
sie hat gedreht
drei 💡
drei|ßig
Dres|den (Landeshauptstadt von Sachsen)
drin|nen
dro|hen, er droht,
er drohte,
er hat gedroht

die **Dro|hung**,
die Drohungen
das **Dro|me|dar**,
die Dromedare
drü|ben
der **Druck**,
die Drucke
dru|cken, er druckt,
er druckte,
er hat gedruckt

drei/Drei

Kleinschreibung
drei Jahre alt
es ist halb drei
drei mal vier

der dreijährige Junge
der 3-jährige Junge
dreimal
3-mal

Großschreibung
die Zahl Drei
eine Drei schreiben
eine Drei im Zeugnis

Dr bis Dy

drü|cken,
sie drückt,
sie drückte,
sie hat gedrückt
du
dumm, dümmer,
am dümmsten
dun|kel,
dunkler,
am dunkelsten
dun|kel|grün
die **Dun|kel|heit**
dünn, dünner,
am dünnsten
durch
durch|ein|an|der
(auch: durch|ei-
nan|der)
das **Durch|ein|an|der**,
(auch: Durch|ei-
nan|der)
durch|sich|tig
dür|fen, er darf,
er durfte,
er hat gedurft
dürr, dürrer,
am dürrsten
der **Durst**

durs|tig,
durstiger,
am durstigsten
die **Du|sche**,
die Duschen
du|schen,
sie duscht,
sie duschte,
sie hat geduscht
Düs|sel|dorf
(Landeshauptstadt
von Nordrhein-
Westfalen)
die **DVD**,
die DVDs
der **DVD-Play|er** (auch:
DVD-Pla|yer),
die DVD-Player
der **Dy|na|mo**,
die Dynamos

Ee

eben
eben|so
echt
die **Ecke**,
 die Ecken
eckig
der **Eck|zahn**,
 die Eckzähne
edel, edler,
am edelsten
ehe
die **Eh|re**
ehr|lich,
ehrlicher,
am ehrlichsten
die **Ehr|lich|keit**
das **Ei,** die Eier
die **Ei|che**,
 die Eichen
die **Ei|chel**,
 die Eicheln
der **Ei|chel|hä|her**
 (Vogel),
 die Eichelhäher
das **Eich|hörn|chen**,
 die Eichhörnchen

eif|rig, eifriger,
am eifrigsten
ei|gen, eigene
die **Ei|gen|schaft**,
 die Eigenschaften
ei|gent|lich
das **Ei|gen|tum**,
 die Eigentümer
ei|len, er eilt,
er eilte, er ist geeilt
ei|lig, eiliger,
am eiligsten
der **Ei|mer**,
 die Eimer
ein, eine
ein|an|der (auch:
 ei|nan|der)
ein|fach, einfacher,
am einfachsten
der **Ein|fall**,
 die Einfälle
ei|ni|ge
ein|kau|fen,
sie kauft ein,
sie kaufte ein,
sie hat eingekauft

Ei bis El

     ein|la|den,
     er lädt ein,
     er lud ein,
     er hat eingeladen
die **Ein|la|dung**,
     die Einladungen
die **Ein|lei|tung**,
     die Einleitungen
     ein|mal
     ein|pa|cken,
     sie packt ein,
     sie packte ein,
     sie hat eingepackt
     eins 💡
der **Ein|satz**,
     die Einsätze
der **Ein|sturz**,
     die Einstürze
     ein|stür|zen,
     es stürzt ein,
     es stürzte ein,
     es ist eingestürzt
die **Ein|zahl**
     ein|zeln, einzelne
     ein|zi|ge
das **Eis**
der **Eis|bär**,
     die Eisbären

das **Ei|sen**
die **Eis|die|le**,
     die Eisdielen
     eis|kalt
das **Ei|weiß**, die Eiweiße
     El|be (Fluss)
der **Elch**, die Elche
der **Ele|fant**,
     die Elefanten

ein(s) / Eins

Kleinschreibung
ein Jahr alt
es ist halb eins
ein mal vier

der einjährige Junge
der 1-jährige Junge
einmal
1-mal

Großschreibung
die Zahl Eins
eine Eins schreiben
eine Eins im Zeugnis
viele Einsen

der **Elek|tri|ker** (auch:
Elekt|ri|ker),
die Elektriker
elek|trisch (auch:
elekt|risch)
elf 💡
das **Eli|xier** (Heil- u.
Zaubertrank),
die Elixiere
die **Els|ter** (Vogel),
die Elstern
die **El|tern**
die (das) **E-Mail** (elektronische Post),
die E-Mails
der **Emp|fang**
emp|fan|gen,
er empfängt,
er empfing,
er hat empfangen
der **Emp|fän|ger**,
die Empfänger
die **Emp|fän|ge|rin**,
die Empfängerinnen
emp|fin|den,
sie empfindet,
sie empfand,
sie hat empfunden

emp|find|lich,
empfindlicher,
am empfindlichsten
em|pört
die **Em|pö|rung**
das **En|de**,
die Enden
end|lich
end|los
die **Ener|gie**

elf / Elf

Kleinschreibung
elf Jahre alt
es ist halb elf
elf mal vier

der elfjährige Junge
der 11-jährige Junge
elfmal
11-mal

Großschreibung
die Zahl Elf
die Elf (Fußballmannschaft)

En bis Erb

eng, enger,
am engsten
der En|gel, die Engel
der En|kel, die Enkel
die En|ke|lin,
die Enkelinnen
ent|de|cken,
sie entdeckt,
sie entdeckte,
sie hat entdeckt
die En|te, die Enten
ent|fernt
die Ent|fer|nung,
die Entfernungen
ent|ge|gen
ent|lang
ent|schlüs|seln,
er entschlüsselt,
er entschlüsselte,
er hat entschlüsselt
sich ent|schul|di|gen,
sie entschuldigt sich,
sie entschuldigte sich,
sie hat sich entschuldigt
die Ent|schul|di|gung,
die Entschuldigungen

ent|setz|lich,
entsetzlicher,
am entsetzlichsten
ent|ste|hen,
es entsteht,
es entstand,
es ist entstanden
ent|täu|schen,
er enttäuscht,
er enttäuschte,
er hat enttäuscht
ent|täuscht
ent|we|der
ent|wi|ckeln,
sie entwickelt,
sie entwickelte,
sie hat entwickelt
ent|zif|fern,
er entziffert,
er entzifferte,
er hat entziffert
er
er|beu|ten,
er erbeutet,
er erbeutete,
er hat erbeutet
die Erb|se,
die Erbsen

Erd bis Erl

die **Erd|bee|re**,
die Erdbeeren
die **Er|de**
sich **er|eig|nen**,
es ereignet sich,
es ereignete sich,
es hat sich ereignet
das **Er|eig|nis**,
die Ereignisse
er|fah|ren,
er erfährt,
er erfuhr,
er hat erfahren
er|fin|den,
sie erfindet,
sie erfand,
sie hat erfunden
die **Er|fin|dung**,
die Erfindungen
der **Er|folg**,
die Erfolge
Er|furt (Landeshauptstadt von Thüringen)
er|gän|zen,
er ergänzt,
er ergänzte,
er hat ergänzt

das **Er|geb|nis**,
die Ergebnisse
sich **er|ho|len**,
sie erholt sich,
sie erholte sich,
sie hat sich erholt
die **Er|ho|lung**
sich **er|in|nern**,
er erinnert sich,
er erinnerte sich,
er hat sich erinnert
die **Er|in|ne|rung**,
die Erinnerungen
er|käl|tet
die **Er|käl|tung**,
die Erkältungen
er|klä|ren,
sie erklärt,
sie erklärte,
sie hat erklärt
er|lau|ben, er
erlaubt, er erlaubte,
er hat erlaubt
die **Er|laub|nis**,
die Erlaubnisse
er|le|ben, sie erlebt,
sie erlebte,
sie hat erlebt

Erl bis Ers

das **Er|leb|nis**,
die Erlebnisse
er|leich|tert
er|näh|ren,
er ernährt,
er ernährte,
er hat ernährt
die **Er|näh|rung**
ernst, ernster,
am ernstesten
der **Ernst**
die **Ern|te**, die Ernten
ern|ten, sie erntet,
sie erntete,
sie hat geerntet
der **Er|pel** (männliche Ente), die Erpel
er|reich|bar,
erreichbarer,
am erreichbarsten
er|rei|chen,
er erreicht,
er erreichte,
er hat erreicht
er|schei|nen,
sie erscheint,
sie erschien,
sie ist erschienen

er|schöpft
er|schre|cken,
er erschreckt,
er erschreckte,
er hat erschreckt
er|schro|cken
er|spä|hen,
sie erspäht,
sie erspähte,
sie hat erspäht
erst
er|staunt,
erstaunter,
am erstauntesten
ers|te, erster 💡

erste / Erste

Kleinschreibung
die erste Klasse
mein erstes Fahrrad

Großschreibung
als Erste im Ziel
der Erste des Monats
Erste Hilfe leisten

Erw bis Ex

er|wi|dern,
er erwidert,
er erwiderte,
er hat erwidert
er|zäh|len,
sie erzählt,
sie erzählte,
sie hat erzählt
der **Er|zie|her**,
die Erzieher
die **Er|zie|he|rin**,
die Erzieherinnen
es
der **Esel**,
die Esel
ess|bar
das **Es|sen**,
die Essen
es|sen, er isst,
er aß,
er hat gegessen
Est|land
et|wa
et|was
euch
eu|er, eure
die **Eu|le**,
die Eulen

der **Eu|ro** [€],
die Euros
Eu|ro|pa
eu|ro|pä|isch
evan|ge|lisch
das **Ex|pe|ri|ment**
(Versuch),
die Experimente
ex|pe|ri|men|tie|ren,
sie experimentiert,
sie experimentierte,
sie hat experimentiert
der **Ex|per|te**
(Fachmann),
die Experten
ex|plo|die|ren,
es explodiert,
es explodierte,
es ist explodiert
die **Ex|plo|si|on**,
die Explosionen
ex|tra (auch: ext|ra)

Fa

Ff

die **Fa|bel**,
die Fabeln
die **Fa|brik** (auch:
Fab|rik), die Fabriken
das **Fach**, die Fächer
der **Fa|den**,
die Fäden
die **Fah|ne**,
die Fahnen
die **Fäh|re**,
die Fähren
fah|ren, sie fährt,
sie fuhr,
sie ist gefahren
der **Fahr|plan**,
die Fahrpläne
das **Fahr|rad**,
die Fahrräder
die **Fahrt**,
die Fahrten
das **Fahr|zeug**,
die Fahrzeuge
fair, fairer,
am fairsten
der **Fal|ke** (Raubvogel),
die Falken

der **Fall**, die Fälle
fal|len, er fällt,
er fiel,
er ist gefallen
der **Fall|schirm**,
die Fallschirme
falsch
die **Fa|mi|lie**,
die Familien
fan|gen, sie fängt,
sie fing,
sie hat gefangen
die **Far|be**,
die Farben
far|big
das **Farn|kraut**
das **Fass**,
die Fässer
fas|sen, er fasst,
er fasste,
er hat gefasst
fast
die **Faust**,
die Fäuste
das **Fax**,
die Faxe

Fa bis Fe

fa|xen, sie faxt,
sie faxte,
sie hat gefaxt

der **Fe|bru|ar** (auch:
Feb|ru|ar)

die **Fe|der**,
die Federn

die **Fee**, die Feen

fe|gen, er fegt,
er fegte,
er hat gefegt

feh|len, sie fehlt,
sie fehlte,
sie hat gefehlt

der **Feh|ler**,
die Fehler

die **Fei|er**, die Feiern

fei|ern, er feiert,
er feierte,
er hat gefeiert

fein, feiner,
am feinsten

der **Feind**,
die Feinde

das **Feld**,
die Felder

die **Feld|maus**,
die Feldmäuse

das **Fell**, die Felle

das **Fens|ter**,
die Fenster

die **Fe|ri|en**

die **Fern|be|die|nung**,
die Fernbedienungen

fern|se|hen,
sie sieht fern,
sie sah fern,
sie hat ferngesehen

der **Fern|se|her**,
die Fernseher

fer|tig

fest, fester,
am festesten

das **Fest**,
die Feste

fest|lich,
festlicher,
am festlichsten

die **Fest|plat|te** (Teil
des Computers),
die Festplatten

das **Fett**, die Fette

fett, fetter,
am fettesten

fet|tig, fettiger,
am fettigsten

Fe bis Fl

feucht, feuchter,
am feuchtesten
das Feu|er, die Feuer
feu|er|rot
die Feu|er|wehr,
die Feuerwehren
die Fich|te,
die Fichten
das Fie|ber
die Fi|gur,
die Figuren
der Film, die Filme
der Filz|stift,
die Filzstifte
fin|den, er findet,
er fand,
er hat gefunden
der Fin|ger,
die Finger
der Fink (Vogel),
die Finken
Finn|land
die Fir|ma,
die Firmen
der Fisch,
die Fische
der Fi|scher,
die Fischer

fit, fitter,
am fittesten
fix, fixer,
am fixesten
flach, flacher,
am flachsten
die Flä|che,
die Flächen
die Flag|ge,
die Flaggen
der Fla|min|go (Vogel),
die Flamingos
die Flam|me,
die Flammen
die Fla|sche,
die Flaschen
flat|tern,
er flattert,
er flatterte,
er ist geflattert
der Fleck,
die Flecke
fle|ckig, fleckiger,
am fleckigsten
die Fle|der|maus,
die Fledermäuse
das Fleisch
der Fleiß

Fl bis Fo

flei|ßig,
fleißiger,
am fleißigsten
fli|cken, sie flickt,
sie flickte,
sie hat geflickt
der **Flie|der** (Strauch),
die Flieder
die **Flie|der|bee|re**,
die Fliederbeeren
die **Flie|ge**,
die Fliegen
flie|gen, sie fliegt,
sie flog,
sie ist geflogen
flie|hen, er flieht,
er floh,
er ist geflohen
das **Fließ|band**,
die Fließbänder
flie|ßen, es fließt,
es floss,
es ist geflossen
flink, flinker,
am flinksten
flit|zen, er flitzt,
er flitzte,
er ist geflitzt

die **Flo|cke**,
die Flocken
flo|ckig, flockiger,
am flockigsten
der **Floh**, die Flöhe
der **Floh|markt**,
die Flohmärkte
flüch|ten,
sie flüchtet,
sie flüchtete,
sie ist geflüchtet
der **Flug**, die Flüge
der **Flü|gel**,
die Flügel
der **Flur**, die Flure
der **Fluss**, die Flüsse
flüs|sig, flüssiger,
am flüssigsten
die **Flüs|sig|keit**,
die Flüssigkeiten
das **Fluss|pferd**,
die Flusspferde
flüs|tern, er flüstert,
er flüsterte,
er hat geflüstert
fol|gen, sie folgt,
sie folgte,
sie ist gefolgt

Fo bis Fr

die **Form**,
die Formen
for|men, er formt,
er formte,
er hat geformt
das **For|mat**,
die Formate
for|ma|tie|ren,
sie formatiert,
sie formatierte,
sie hat formatiert
der **Förs|ter**,
die Förster
fort
das **Fo|to**, die Fotos
fo|to|gra|fie|ren,
sie fotografiert,
sie fotografierte,
sie hat fotografiert
die **Fra|ge**,
die Fragen
fra|gen, er fragt,
er fragte,
er hat gefragt
Frank|reich
die **Frau**, die Frauen
frech, frecher,
am frechsten

frei, freier,
am freiesten
im **Frei|en**
die **Frei|heit**,
die Freiheiten
der **Frei|tag**, 💡
die Freitage
die **Frei|zeit**
fremd,
fremder,
am fremdesten
fres|sen, sie frisst,
sie fraß,
sie hat gefressen
die **Freu|de**,
die Freuden

Freitag / freitags

Großschreibung
der Freitag
am Freitag
am Freitagmorgen

Kleinschreibung
freitags
freitagabends

Fr bis Fu

sich **freu|en**,
  sie freut sich,
  sie freute sich,
  sie hat sich gefreut
der **Freund**,
  die Freunde
die **Freun|din**,
  die Freundinnen
  freund|lich,
  freundlicher,
  am freundlichsten
die **Freund|schaft**,
  die Freundschaften
  fres|sen, er frisst,
  er fraß,
  er hat gefressen
der **Frie|de(n)**
  fried|lich, friedlicher,
  am friedlichsten
  frie|ren, sie friert,
  sie fror,
  sie hat gefroren
  frisch, frischer,
  am frischesten
der **Fri|seur**,
  die Friseure
die **Fri|seu|rin**,
  die Friseurinnen

froh, froher,
am frohesten
fröh|lich,
fröhlicher,
am fröhlichsten
der **Front|re|flek|tor**
(Teil des Fahrrads),
die Frontreflektoren
der **Frosch**,
die Frösche
die **Frucht**,
die Früchte
früh, früher,
am frühesten
der **Früh|ling**
das **Früh|stück**,
die Frühstücke
früh|stü|cken,
sie frühstückt,
sie frühstückte,
sie hat gefrühstückt
der **Fuchs**,
die Füchse
füh|len, er fühlt,
er fühlte,
er hat gefühlt
der **Füh|ler**,
die Fühler

Fu

füh|ren, sie führt,
sie führte,
sie hat geführt
Ful|da (Fluss)
fül|len, er füllt,
er füllte,
er hat gefüllt
der **Fül|ler**, die Füller
das **Fund|bü|ro**,
die Fundbüros

fünf / Fünf

Kleinschreibung
fünf Jahre alt
es ist halb fünf
fünf mal vier

der fünfjährige Junge
der 5-jährige Junge
fünfmal
5-mal

Großschreibung
die Zahl Fünf
eine Fünf schreiben
eine Fünf im Zeugnis

fünf
fünf|zig
fun|keln, es funkelt,
es funkelte,
es hat gefunkelt
funk|ti|o|nie|ren,
es funktioniert,
es funktionierte,
es hat funktioniert
die **Funk|ti|on**,
die Funktionen
für
das **Für|wort**,
die Fürwörter
die **Furcht**
furcht|bar,
furchtbarer,
am furchtbarsten
fürch|ten, er fürchtet, er fürchtete,
er hat gefürchtet
der **Fuß**, die Füße
der **Fuß|ball**,
die Fußbälle
das **Fut|ter**
füt|tern, sie füttert,
sie fütterte,
sie hat gefüttert

Gg

     g (Abkürzung für Gramm)
die **Ga|bel**,
     die Gabeln
die **Gang|schal|tung**,
     die Gangschaltungen
die **Gans**,
     die Gänse
das **Gän|se|blüm|chen**,
     die Gänseblümchen
die **Gän|se|haut**
ganz, ganze
gar
die **Gar|di|ne**,
     die Gardinen
gar kein
gar nicht
der **Gar|ten**,
     die Gärten
der **Gärt|ner**,
     die Gärtner
die **Gärt|ne|rin**,
     die Gärtnerinnen
das **Gas**, die Gase
die **Gas|se**,
     die Gassen

der **Gast**,
     die Gäste
das **Ge|bäck**
das **Ge|bäu|de**,
     die Gebäude
ge|ben, er gibt,
     er gab,
     er hat gegeben
ge|bo|ren,
     sie ist geboren,
     sie wurde geboren
die **Ge|bühr**,
     die Gebühren
die **Ge|burt**,
     die Geburten
der **Ge|burts|tag**,
     die Geburtstage
die **Ge|burts|tags|fei|er**,
     die Geburtstagsfeiern
das **Ge|büsch**,
     die Gebüsche
der **Ge|dan|ke**,
     die Gedanken
das **Ge|dicht**,
     die Gedichte
die **Ge|duld**

Gef bis Gei

die **Ge|fahr**,
die Gefahren
ge|fähr|lich,
gefährlicher,
am gefährlichsten
ge|fal|len,
es gefällt,
es gefiel,
es hat gefallen
ge|fan|gen
die **Ge|fan|gen|schaft**,
die Gefangen-
schaften
das **Ge|fie|der**
ge|frä|ßig,
gefräßiger,
am gefräßigsten
das **Ge|fühl**,
die Gefühle
ge|gen
ge|gen|ein|an|der
(auch: ge|gen|ei|nan-
der)
ge|gen|sei|tig
der **Ge|gen|stand**,
die Gegenstände
ge|gen|über
die **Ge|gen|wart**

der **Geg|ner**,
die Gegner
das **Ge|häu|se**,
die Gehäuse
das **Ge|he|ge**,
die Gehege
ge|heim, geheimer,
am geheimsten
das **Ge|heim|nis**,
die Geheimnisse
ge|heim|nis|voll,
geheimnisvoller,
am geheimnis-
vollsten
ge|hen, sie geht,
sie ging,
sie ist gegangen
ge|hö|ren,
es gehört,
es gehörte,
es hat gehört
die **Gei|ge**,
die Geigen
der **Geist**,
die Geister
der **Geiz**
gei|zig, geiziger,
am geizigsten

Gel bis Ger

gelb 💡
das **Geld**, die Gelder
die **Ge|le|gen|heit**,
die Gelegenheiten
das **Ge|lenk**,
die Gelenke
ge|lin|gen,
es gelingt,
es gelang,
es ist gelungen

gelb / Gelb

Kleinschreibung
mein Pulli ist gelb
mein gelber Pulli
gelb kariert
gelb gestreift
hellgelb
sonnengelb

Großschreibung
das Gelb der Sonne
ein strahlendes Gelb
die Ampel steht auf Gelb
das Gelbe vom Ei

gel|ten, es gilt,
es galt,
es hat gegolten
das **Ge|mäl|de**,
die Gemälde
ge|mein, gemeiner,
am gemeinsten
ge|mein|sam
das **Ge|mü|se**
ge|müt|lich,
gemütlicher,
am gemütlichsten
ge|nau, genauer,
am genausten
ge|nug
ge|pan|zert
ge|ra|de
ge|ra|de|aus
das **Ge|rät**,
die Geräte
das **Ge|räusch**,
die Geräusche
ge|recht, gerechter,
am gerechtesten
ge|reizt
gern, gerne
die **Gers|te** (Getreide)
das **Ge|rüm|pel**

Ges bis Gew

das **Ge|schäft**,
die Geschäfte
ge|sche|hen,
es geschieht,
es geschah,
es ist geschehen
das **Ge|schenk**,
die Geschenke
die **Ge|schich|te**,
die Geschichten
ge|schickt,
geschickter,
am geschicktesten
ge|schie|den
das **Ge|schirr**
die **Ge|schwis|ter**
das **Ge|setz**,
die Gesetze
der **Ge|set|zes|bre|cher**,
die Gesetzesbrecher
das **Ge|sicht**,
die Gesichter
das **Ge|spenst**,
die Gespenster
ge|stal|ten,
sie gestaltet,
sie gestaltete,
sie hat gestaltet

die **Ge|stal|tung**,
die Gestaltungen
ges|tern
ge|streift
ge|sund, gesünder,
am gesündesten
die **Ge|sund|heit**
das **Ge|tränk**,
die Getränke
das **Ge|trei|de**
die **Ge|walt**
ge|wal|tig,
gewaltiger,
am gewaltigsten
das **Ge|wäs|ser**,
die Gewässer
das **Ge|weih**,
die Geweihe
das **Ge|wicht**,
die Gewichte
ge|win|nen,
er gewinnt,
er gewann,
er hat gewonnen
das **Ge|wit|ter**,
die Gewitter
die **Ge|wohn|heit**,
die Gewohnheiten

Gew bis Gl

ge|wöhn|lich,
gewöhnlicher,
am gewöhnlichsten
gie|ßen, er gießt,
er goss,
er hat gegossen
das **Gift**, die Gifte
gif|tig, giftiger,
am giftigsten
der **Gip|fel**,
die Gipfel
die **Gi|raf|fe**,
die Giraffen
die **Gi|tar|re**,
die Gitarren
das **Git|ter**,
die Gitter
der **Glanz**
glän|zen, es glänzt,
es glänzte,
es hat geglänzt
glän|zend
das **Glas**,
die Gläser
glä|sern
glas|klar
glatt, glatter,
am glattesten

glau|ben, er glaubt,
er glaubte,
er hat geglaubt
gläu|big
gleich
gleich|auf
gleich|gül|tig
das **Gleis**, die Gleise
der **Glet|scher**,
die Gletscher
glit|schig
glit|zern, es glitzert,
es glitzerte,
es hat geglitzert
die **Glo|cke**,
die Glocken
das **Glöck|chen**,
die Glöckchen
das **Glück**
glück|lich,
glücklicher,
am glücklichsten
gluck|sen,
sie gluckst,
sie gluckste,
sie hat gegluckst
der **Glück|wunsch**,
die Glückwünsche

109

Gl bis Gr

glü|hen, es glüht,
es glühte,
es hat geglüht
das **Gold**
gol|den
der **Gold|fisch**,
die Goldfische
der **Go|ril|la**,
die Gorillas
der **Gott**, die Götter
der **Gra|ben**,
die Gräben
gra|ben, er gräbt,
er grub,
er hat gegraben
das **Grad**

Granne

Grannen sind lange oder kürzere Borstenhaare an Getreidepflanzen. Roggen und Gerste haben zum Beispiel sehr lange Grannen.

das **Gramm** [g]
die **Gran|ne**, 💡
die Grannen
das **Gras**,
die Gräser
der **Gras|hüp|fer**,
die Grashüpfer
gräss|lich,
grässlicher,
am grässlichsten
gra|tu|lie|ren,
sie gratuliert,
sie gratulierte,
sie hat gratuliert
grau 💡
grei|fen, er greift,
er griff,
er hat gegriffen
die **Gren|ze**,
die Grenzen
Grie|chen|land
der **Grieß**
der **Griff**, die Griffe
die **Gril|le** (Insekt),
die Grillen
gril|len, er grillt,
er grillte,
er hat gegrillt

110

Gr

grim|mig, grimmiger,
am grimmigsten
der **Grön|land|wal**,
die Grönlandwale
groß, größer,
am größten
Groß|bri|tan|ni|en
die **Grö|ße**, die Größen
die **Groß|el|tern**
die **Groß|mut|ter**,
die Großmütter
der **Groß|va|ter**,
die Großväter
die **Gru|be**,
die Gruben
die **Gruft**, die Grüfte
grün
der **Grund**, die Gründe
die **Grup|pe**,
die Gruppen

grau / Grau

Kleinschreibung
meine Hose ist grau
meine graue Hose
grau kariert
grau gestreift
grauhaarig
hellgrau
mausgrau

Großschreibung
das Grau des
Steines
ein helles Grau

grün / Grün

Kleinschreibung
meine Jacke ist grün
meine grüne Jacke
grün kariert
grün gestreift
dunkelgrün
hellgrün
apfelgrün

Großschreibung
das Grün des
Waldes
ein leuchtendes Grün
die Ampel steht auf
Grün

Gr bis Ha

gru|se|lig,
gruseliger,
am gruseligsten
sich **gru|seln**,
sie gruselt sich,
sie gruselte sich,
sie hat sich
gegruselt
der **Gruß**, die Grüße
grü|ßen, er grüßt,
er grüßte,
er hat gegrüßt
gu|cken, sie guckt,
sie guckte,
sie hat geguckt
gül|tig
das (der) **Gum|mi**
der **Gum|mi|stie|fel**,
die Gummistiefel
die **Gur|ke**,
die Gurken
der **Gür|tel**,
die Gürtel
gut, besser,
am besten
alles **Gu|te**

Hh

das **Haar**,
die Haare
ha|ben, er hat,
er hatte,
er hat gehabt
der **Ha|bicht** (Vogel),
die Habichte
der **Ha|fer** (Getreide)
der **Ha|gel**
der **Hahn**,
die Hähne
der **Hai**, die Haie
der **Ha|ken**,
die Haken
halb, halbe
die **Hälf|te**,
die Hälften
die **Hal|le**,
die Hallen
hal|lo
Hal|lo|ween
(31. Oktober)
der **Halm**,
die Halme
der **Hals**,
die Hälse

Ha

    hal|ten, sie hält,
    sie hielt,
    sie hat gehalten
    Ham|burg
der **Ham|mel** (männliches Schaf),
    die Hammel
der **Ham|mer**,
    die Hammer
    ham|peln,
    er hampelt,
    er hampelte,
    er hat gehampelt
der **Hams|ter**,
    die Hamster
die **Hand**,
    die Hände
    han|deln,
    sie handelt,
    sie handelte,
    sie hat gehandelt
das **Hand|werk**
das **Han|dy**,
    die Handys
der **Hang**, die Hänge
    hän|gen, er hängt,
    er hing,
    er hat gehangen

    Han|no|ver
    (Landeshauptstadt
    von Niedersachsen)
die **Har|pu|ne**,
    die Harpunen
    hart, härter,
    am härtesten
der **Ha|se**, die Hasen
der **Hass**
    häss|lich,
    hässlicher,
    am hässlichsten
    has|ten, sie hastet,
    sie hastete,
    sie ist gehastet
    has|tig, hastiger,
    am hastigsten
der **Hau|fen**,
    die Haufen
    häu|fig, häufiger,
    am häufigsten
die **Haupt|stadt**,
    die Hauptstädte
das **Haus**,
    die Häuser
zu **Hau|se**
der **Haus|meis|ter**,
    die Hausmeister

Ha bis He

die **Haut**,
die Häute
Ha|vel (Fluss)
he|ben, er hebt,
er hob,
er hat gehoben
die **He|cke**,
die Hecken
die **He|cken|ro|se**,
die Heckenrosen
das **Heft**, die Hefte
hef|tig, heftiger,
am heftigsten
die **Hei|del|bee|re**,
die Heidelbeeren
die **Hei|mat**
heim|keh|ren,
sie kehrt heim,
sie kehrte heim,
sie ist heimgekehrt
heim|lich,
heimlicher,
am heimlichsten
heiß, heißer,
am heißesten
hei|ßen, er heißt,
er hieß,
er hat geheißen

hei|ter, heiterer,
am heitersten
hei|zen, sie heizt,
sie heizte,
sie hat geheizt
die **Hei|zung**,
die Heizungen
hel|fen, er hilft,
er half,
er hat geholfen
hell, heller,
am hellsten
hell|blau
der **Helm**,
die Helme
das **Hemd**,
die Hemden
die **Hen|ne**,
die Hennen
her
her|ab (auch: he|rab)
her|auf (auch: he|rauf)
her|aus (auch: he|raus)
herb, herber,
am herbsten
der **Herbst**

He bis Hi

der **Herd** (Ofen),
die Herde
die **Her|de** (Tiergruppe),
die Herden
her|ein (auch:
he|rein)
der **Herr**, die Herren
herr|lich, herrlicher,
am herrlichsten
her|über (auch:
he|rü|ber)
her|um (auch:
he|rum)
her|un|ter (auch:
he|runter)
her|vor
das **Herz**, die Herzen
herz|lich, herzlicher,
am herzlichsten
Hes|sen
het|zen, sie hetzt,
sie hetzte,
sie hat gehetzt
das **Heu**
heu|len, er heult,
er heulte,
er hat geheult
heu|te

die **He|xe**,
die Hexen
hier
hier|her
die **Hil|fe**,
die Hilfen
hilfs|be|reit,
hilfsbereiter,
am hilfsbereitesten
die **Him|bee|re**,
die Himbeeren
der **Him|mel**
die **Him|mels|rich|tung**,
die Himmels-
richtungen
hin
hin|auf (auch:
hi|nauf)
hin|aus (auch:
hi|naus)
das **Hin|der|nis**,
die Hindernisse
hin|ein (auch:
hi|nein)
hin|fal|len,
sie fällt hin,
sie fiel hin,
sie ist hingefallen

Hi bis Ho

hin|ter
hin|ter|her
das Hin|ter|rad,
die Hinterräder
hin|un|ter (auch:
hi|nun|ter)
der Hirsch,
die Hirsche
der Hirsch|kä|fer,
die Hirschkäfer
das Hir|ten|tä|schel
(Pflanze)
der Hit, die Hits
die Hit|ze
das Hob|by,
die Hobbys
hoch, höher,
am höchsten
höchs|tens
die Hoch|zeit,
die Hochzeiten
ho|cken, er hockt,
er hockte,
er hat gehockt
der Hof, die Höfe
hof|fen, sie hofft,
sie hoffte,
sie hat gehofft

hof|fent|lich
höf|lich, höflicher,
am höflichsten
die Höf|lich|keit,
die Höflichkeiten
die Hö|he, die Höhen
die Höh|le,
die Höhlen
ho|len, sie holt,
sie holte,
sie hat geholt
das Holz,
die Hölzer
die Home|page
(Internetseite),
die Homepages
der Ho|nig
hop|sen, sie hopst,
sie hopste,
sie ist gehopst
hö|ren, er hört,
er hörte,
er hat gehört
der Hö|rer,
die Hörer
der Hort, die Horte
die Ho|se,
die Hosen

Hu bis Hy

der **Huf**, die Hufe
der **Huf|lat|tich** (Pflanze)
das **Huhn**,
 die Hühner
die **Hül|le**, die Hüllen
die **Hül|se**,
 die Hülsen
die **Hum|mel**,
 die Hummeln
 hum|peln,
 sie humpelt,
 sie humpelte,
 sie hat gehumpelt
der **Hund**, die Hunde
 hun|dert 💡

der **Hun|ger**
 hung|rig,
 hungriger,
 am hungrigsten
 hu|pen, er hupt,
 er hupte,
 er hat gehupt
 hüp|fen, sie hüpft,
 sie hüpfte,
 sie ist gehüpft
der **Hus|ten**
der **Hut**, die Hüte
die **Hüt|te**,
 die Hütten
die **Hy|a|zin|the** (Blume),
 die Hyazinthen

---

hundert / Hundert

Kleinschreibung
bis hundert zählen
hundert Ameisen
hundert mal vier

Großschreibung
die Zahl Hundert
der Hunderter

I bis In

Ii

ich
die **Idee**, die Ideen
der **Igel**, die Igel
der (das) **Ig|lu**,
die Iglus
ihm
ihn
ih|nen
ihr, ihre, ihrem, ihren
im
der **Im|biss**,
die Imbisse
im|mer
imp|fen, sie impft,
sie impfte,
sie hat geimpft
die **Imp|fung**,
die Impfungen
in
der **In|di|a|ner**,
die Indianer
die **In|fek|ti|on**
(Ansteckung),
die Infektionen
die **In|for|ma|ti|on**,
die Informationen
in|for|mie|ren,
er informiert,
er informierte,
er hat informiert
der **In|halt**,
die Inhalte
das **In|line|ska|ten**
der **In|line|ska|ter**,
die Inlineskater
Inn (Fluss)
in|nen
ins
das **In|sekt**,
die Insekten
die **In|sel**,
die Inseln
ins|ge|samt
der **In|stal|la|teur** (auch: Ins|tal|la|teur),
die Installateure
die **In|stal|la|ti|on** (auch: Ins|tal|la|tion),
die Installationen
das **In|stru|ment** (auch: Ins|tru|ment),
die Instrumente

In bis **It**

     in|te|res|sant (auch: in|ter|es|sant), interessanter, am interessantesten

das **In|te|res|se** (auch: In|ter|es|se), die Interessen

sich **in|te|res|sie|ren** (auch: in|ter|essie|ren), sie interessiert sich, sie interessierte sich, sie hat sich interessiert

das **In|ter|net**

das **In|ter|view**, die Interviews

die **Inu|it** (anderer Name für Eskimos)

     ir|gend
     ir|gend|et|was
     ir|gend|wo

die **Iris** (Teil des Auges)

     Ir|land

     irr, irrer, am irrsten

sich **ir|ren**, sie irrt sich, sie irrte sich, sie hat sich geirrt

der **Is|lam**
     Is|land

die **Iso|lie|rung**, die Isolierungen

er **ist** im Haus

sie **isst** einen Apfel

     Ita|li|en

Ja bis Ju

Jj

    ja
die **Jacht**,
    die Jachten
die **Ja|cke**,
    die Jacken
die **Jagd**,
    die Jagden
    ja|gen, er jagt,
    er jagte,
    er hat gejagt
der **Jä|ger**,
    die Jäger
der **Ja|gu|ar**,
    die Jaguare
das **Jahr**, die Jahre
die **Jah|res|zeit**,
    die Jahreszeiten
    jähr|lich
der **Jäh|zorn**
der **Jam|mer**
    jam|mern,
    sie jammert,
    sie jammerte,
    sie hat gejammert
    jäm|mer|lich
der **Ja|nu|ar**

    jau|len, er jault,
    er jaulte,
    er hat gejault
die **Jeans**, die Jeans
    je|de
    je|den|falls
    je|der
    je|des
    je|doch
    je|mand, jemanden
der **Jet**, die Jets
    jetzt
die **Jo|han|nis|bee|re**,
    die Johannisbeeren
das **Jo-Jo**,
    die Jo-Jos
    jon|glie|ren
    (auch: jong|lie|ren),
    er jongliert,
    er jonglierte,
    er hat jongliert
    ju|beln, sie jubelt,
    sie jubelte,
    sie hat gejubelt
das **Ju|den|tum**
    jü|disch

Ju bis Ka

das **Ju|do**
der **Ju|li**
jung,
jünger,
am jüngsten
der **Jun|ge**,
die Jungen
der **Ju|ni**

Kk

der **Kä|fer**, die Käfer
der **Kaf|fee**
der **Kä|fig**,
die Käfige
kahl
der **Kahn**,
die Kähne
der **Kai|ser**,
die Kaiser
die **Kai|se|rin**,
die Kaiserinnen
der **Ka|kao**,
die Kakaos
das **Kalb**,
die Kälber
der **Ka|len|der**,
die Kalender
kalt, kälter,
am kältesten
die **Käl|te**
das **Ka|mel**,
die Kamele
die **Ka|me|ra**,
die Kameras
der **Ka|min**,
die Kamine

Ka

der **Kamm**,
die Kämme
sich **käm|men**,
sie kämmt sich,
sie kämmte sich,
sie hat sich gekämmt
die **Kam|mer**,
die Kammern
der **Kampf**,
die Kämpfe
kämp|fen, er kämpft,
er kämpfte,
er hat gekämpft
der **Ka|nal**,
die Kanäle
das **Kän|gu|ru**,
die Kängurus
das **Ka|nin|chen**,
die Kaninchen
die **Kan|ne**,
die Kannen
die **Kap|pe**,
die Kappen
ka|putt, kaputter,
am kaputtesten
die **Ka|pu|ze**,
die Kapuze
ka|riert

der **Kar|ne|val**
die **Ka|rot|te**,
die Karotten
das **Kärt|chen**,
die Kärtchen
die **Kar|te**,
die Karten
die **Kar|tei**,
die Karteien
die **Kar|tof|fel**,
die Kartoffeln
der **Kar|ton**,
die Kartons
der **Kä|se**
der **Kas|per**,
die Kasper
die **Kas|se**,
die Kassen
die **Kas|set|te**,
die Kassetten
der **Kas|set|ten-re|kor|der**,
die Kassettenrekorder
kas|sie|ren,
er kassiert,
er kassierte,
er hat kassiert

Ka bis Ki

die **Kas|ta|nie**,
die Kastanien
der **Kas|ten**,
die Kästen
der **Ka|ter**,
die Kater
ka|tho|lisch
die **Kat|ze**,
die Katzen
kau|fen, er kauft,
er kaufte,
er hat gekauft
der **Käu|fer**,
die Käufer
die **Kaul|quap|pe**,
die Kaulquappen
kaum
der **Ke|gel**,
die Kegel
ke|geln, er kegelt,
er kegelte,
er hat gekegelt
keh|ren, sie kehrt,
sie kehrte,
sie hat gekehrt
kein, keine, keinem,
keinen
der **Keks**, die Kekse

der **Kel|ler**,
die Keller
ken|nen, er kennt,
er kannte,
er hat gekannt
der **Kern**, die Kerne
die **Ker|ze**,
die Kerzen
der **Kes|sel**,
die Kessel
der (das) **Ket|chup**
(auch: Ketch|up)
die **Ket|te**,
die Ketten
die **Keu|le**,
die Keulen
die **Kfz-Werk|statt**,
die Kfz-Werkstätten
kg (Abkürzung für
Kilogramm)
ki|chern, sie kichert,
sie kicherte,
sie hat gekichert
die **Kie|fer** (Nadelbaum),
die Kiefern
Kiel (Landeshauptstadt von Schleswig-Holstein)

Ki bis Kl

der **Kie|sel**,
die Kiesel
das **Ki|lo|gramm** [kg]
der **Ki|lo|me|ter** [km]
das **Kind**,
die Kinder
der **Kin|der|gar|ten**,
die Kindergärten
das **Ki|no**, die Kinos
kip|pen, es kippt,
es kippte,
es ist gekippt
die **Kir|che**,
die Kirchen
die **Kir|sche**,
die Kirschen
das **Kis|sen**,
die Kissen
die **Kis|te**,
die Kisten
die **Ki|wi** (Obst),
die Kiwis
die **Klam|mer**,
die Klammern
der **Klang**,
die Klänge
die **Klap|pe**,
die Klappen

klap|pern,
es klappert,
es klapperte,
es hat geklappert
klar, klarer,
am klarsten
die **Klas|se**,
die Klassen
das **Klas|sen|zim|mer**,
die Klassenzimmer
klat|schen,
er klatscht,
er klatschte,
er hat geklatscht
das **Kla|vier**,
die Klaviere
das **Kle|be|band**,
die Klebebänder
kle|ben, es klebt,
es klebte,
es hat geklebt
der **Kle|ber**
kleb|rig
der **Klecks**,
die Kleckse
der **Klee**
das **Kleid**,
die Kleider

Kl bis Kn

sich **klei|den,**
　er kleidet sich,
　er kleidete sich,
　er hat sich gekleidet
die **Klei|dung**
　klein, kleiner,
　am kleinsten
der **Kleis|ter**
　klem|men,
　es klemmt,
　es klemmte,
　es hat geklemmt
　klet|tern, sie klettert,
　sie kletterte,
　sie ist geklettert
die **Klin|ge,**
　die Klingen
die **Klin|gel,**
　die Klingeln
　klin|geln, es klingelt,
　es klingelte,
　es hat geklingelt
　klin|gen, es klingt,
　es klang,
　es hat geklungen
　klir|ren, es klirrt,
　es klirrte,
　es hat geklirrt

das **Klo,** die Klos
　klop|fen, es klopft,
　es klopfte,
　es hat geklopft
der **Kloß,**
　die Klöße
der **Klub,** die Klubs
　klug, klüger,
　am klügsten
　km (Abkürzung für Kilometer)
　knab|bern,
　er knabbert,
　er knabberte,
　er hat geknabbert
　kna|cken, es knackt,
　es knackte,
　es hat geknackt
　knack|sen,
　es knackst,
　es knackste,
　es hat geknackst
der **Knall**
　knal|len, es knallt,
　es knallte,
　es hat geknallt
der **Knap|pe,**
　die Knappen

Kn bis Ko

knar|ren, es knarrt,
es knarrte,
es hat geknarrt

die **Kne|te**
kne|ten, sie knetet,
sie knetete,
sie hat geknetet

der **Knick**,
die Knicke
kni|cken, er knickt,
er knickte,
er hat geknickt

der **Knicks**,
die Knickse

das **Knie**, die Knie
kni|en, sie kniet,
sie kniete,
sie hat gekniet
kno|beln, er knobelt,
er knobelte,
er hat geknobelt

der **Knob|lauch**

der **Kno|chen**,
die Knochen
kno|chig, knochiger,
am knochigsten

der **Knö|del**,
die Knödel

die **Knol|le**,
die Knollen

der **Knopf**, die Knöpfe

die **Knos|pe**,
die Knospen

der **Kno|ten**,
die Knoten
kno|ten, sie knotet,
sie knotete,
sie hat geknotet
knur|ren, er knurrt,
er knurrte,
er hat geknurrt
knusp|rig,
knuspriger,
am knusprigsten

der **Ko|bel** (Nest des
Eichhörnchens),
die Kobel

der **Koch**, die Köche
ko|chen, sie kocht,
sie kochte,
sie hat gekocht

die **Kö|chin**,
die Köchinnen

der **Kö|der**, die Köder

der **Kof|fer**, die Koffer

der **Kohl**

Ko

die **Koh|le**
die **Koh|len|hyd|ra|te**
die **Kohl|mei|se**,
   die Kohlmeisen
die **Ko|kos|nuss**,
   die Kokosnüsse
der **Kol|ben**,
   die Kolben
ko|misch,
   komischer,
   am komischsten
kom|men, er kommt,
   er kam,
   er ist gekommen
der **Kom|pass**,
   die Kompasse
der **Kom|post**,
   die Komposte
der **Kom|pott**,
   die Kompotte
die **Kon|fe|renz**,
   die Konferenzen
das **Kon|fet|ti**
der **Kon|flikt** (Streit),
   die Konflikte
der **Kö|nig**, die Könige
die **Kö|ni|gin**,
   die Königinnen

kön|nen, sie kann,
   sie konnte,
   sie hat gekonnt
die **Kon|ser|ven|do|se**,
   die Konservendosen
der **Kon|so|nant**
   (Mitlaut),
   die Konsonanten
der **Kon|sum**
   (Verbrauch)
kon|tra (gegen)
die **Kon|trol|le** (auch:
   Kont|rol|le),
   die Kontrollen
kon|trol|lie|ren (auch:
   kont|rol|lie|ren),
   er kontrolliert,
   er kontrollierte,
   er hat kontrolliert
das **Kon|zert**,
   die Konzerte
der **Kopf**, die Köpfe
kopf|über
die **Ko|pie**, die Kopien
ko|pie|ren,
   er kopiert,
   er kopierte,
   er hat kopiert

Ko bis Kr

der **Ko|ran** (heiliges Buch des Islam)
der **Korb**, die Körbe
der **Kor|ken**, die Korken
das **Korn**, die Körner
der **Kör|per**, die Körper
kos|ten, es kostet, es kostete, es hat gekostet
das **Kos|tüm**, die Kostüme
die **Krab|be**, die Krabben
krab|beln, es krabbelt, es krabbelte, es ist gekrabbelt
kra|chen, es kracht, es krachte, es hat gekracht
die **Kraft**, die Kräfte
kräf|tig, kräftiger, am kräftigsten
der **Kra|gen**, die Kragen
die **Krä|he**, die Krähen
krä|hen, er kräht, er krähte, er hat gekräht
die **Kral|le**, die Krallen
der **Kran**, die Kräne
krank
die **Krank|heit**, die Krankheiten
der **Kranz**, die Kränze
krat|zen, es kratzt, es kratzte, es hat gekratzt
krau|len, sie krault, sie kraulte, sie hat gekrault
das **Kraut**, die Kräuter
der **Krebs**, die Krebse
die **Krei|de**
der **Kreis**, die Kreise
das **Kreuz**, die Kreuze

Kr bis Ku

die **Kreu|zung**,
die Kreuzungen
krie|chen, er kriecht,
er kroch,
er ist gekrochen
der **Krieg**,
die Kriege
die **Krip|pe**,
die Krippen
die **Kri|se**,
die Krisen
die **Kri|tik**
kri|ti|sie|ren,
sie kritisiert,
sie kritisierte,
sie hat kritisiert
Kro|a|ti|en
das **Kro|ko|dil**,
die Krokodile
der **Kro|kus** (Blume),
die Krokusse
die **Kro|ne**,
die Kronen
der **Kron|kor|ken**,
die Kronkorken
die **Krö|te**,
die Kröten
der **Krug**, die Krüge

der **Krü|mel**,
die Krümel
krumm,
krummer,
am krummsten
die **Kü|che**,
die Küchen
der **Ku|chen**,
die Kuchen
der **Ku|ckuck**,
die Kuckucke
die **Ku|gel**,
die Kugeln
die **Kuh**, die Kühe
kühl, kühler,
am kühlsten
die **Kuh|le**,
die Kuhlen
das **Kü|ken**,
die Küken
der **Kum|mer**
der **Kun|de**,
die Kunden
die **Kun|din**,
die Kundinnen
künf|tig (in Zukunft)
die **Kunst**,
die Künste

Ku

der **Künst|ler**,
 die Künstler
die **Künst|le|rin**,
 die Künstlerinnen
 künst|lich,
 künstlicher,
 am künstlichsten
das **Kup|fer** (Metall)
der **Kunst|stoff**
der **Kür|bis**,
 die Kürbisse
der **Kurs**,
 die Kurse
die **Kur|ve**,
 die Kurven
 kurz, kürzer,
 am kürzesten
die **Kür|ze**
 ku|scheln,
 sie kuschelt,
 sie kuschelte,
 sie hat gekuschelt
die **Ku|si|ne**,
 die Kusinen
der **Kuss**, die Küsse
 küs|sen, er küsst,
 er küsste,
 er hat geküsst

die **Kut|sche**,
 die Kutschen
der **Kut|ter** (kleines
 Fischereischiff),
 die Kutter
das **Ku|vert** (Brief-
 umschlag),
 die Kuverts

Ll

l (Abkürzung
für Liter)
das **La|bor**,
die Labore
das **Lä|cheln**
lä|cheln, sie lächelt,
sie lächelte,
sie hat gelächelt
das **La|chen**
la|chen, er lacht,
er lachte,
er hat gelacht
das **Lack**, die Lacke
la|ckie|ren,
sie lackiert,
sie lackierte,
sie hat lackiert
das **La|ger**, die Lager
lahm, lahmer,
am lahmsten
das **La|ma**,
die Lamas
das **Lamm**,
die Lämmer
die **Lam|pe**,
die Lampen

das **Land**,
die Länder
die **Land|wirt|schaft**
lang, länger,
am längsten
lang|sam,
langsamer,
am langsamsten
lang|wei|lig,
langweiliger,
am langweiligsten
die **Lär|che** (Baum),
die Lärchen
der **Lärm**
lär|men, er lärmt,
er lärmte,
er hat gelärmt
die **Lar|ve**,
die Larven
las|sen, sie lässt,
sie ließ,
sie hat gelassen
die **La|ter|ne**,
die Laternen
die **Lat|te**,
die Latten

La bis Le

die **Latz|ho|se**,
die Latzhosen
das **Laub**
der **Laub|hau|fen**,
die Laubhaufen
der **Lauch**
lau|fen, er läuft,
er lief,
er ist gelaufen
der **Läu|fer**,
die Läufer
die **Läu|fe|rin**,
die Läuferinnen
laut, lauter,
am lautesten
die **Laut|stär|ke**
das **Le|ben**
le|ben, sie lebt,
sie lebte,
sie hat gelebt
le|ben|dig,
lebendiger,
am lebendigsten
das **Leck** (undichte
Stelle), die Lecks
le|cken, er leckt,
er leckte,
er hat geleckt

le|cker, leckerer,
am leckersten
der **Le|cker|bis|sen**,
die Leckerbissen
leer
le|gen, er legt,
er legte,
er hat gelegt
die **Leh|ne**,
die Lehnen
leh|ren, sie lehrt,
sie lehrte,
sie hat gelehrt
der **Leh|rer**,
die Lehrer
die **Leh|re|rin**,
die Lehrerinnen
der **Leib** (Körper),
die Leiber
leicht, leichter,
am leichtesten
das **Leid**, die Leiden
lei|den, er leidet,
er litt,
er hat gelitten
lei|der
lei|se, leiser,
am leisesten

Le bis Li

die **Leis|te**,
die Leisten
lei|ten, sie leitet,
sie leitete,
sie hat geleitet
die **Lei|ter** (Gegenstand), die Leitern
der **Lei|ter** (Person),
die Leiter
die **Lei|te|rin**,
die Leiterinnen
len|ken, er lenkt,
er lenkte,
er hat gelenkt
der **Len|ker**,
die Lenker
der **Le|o|pard**,
die Leoparden
die **Ler|che** (Vogel),
die Lerchen
ler|nen, sie lernt,
sie lernte,
sie hat gelernt
le|sen, er liest,
er las,
er hat gelesen
Lett|land
letz|te 💡

leuch|ten,
es leuchtet,
es leuchtete,
es hat geleuchtet
die **Leu|te**
das **Le|xi|kon**,
die Lexika
das **Licht**, die Lichter
die **Lich|tung**,
die Lichtungen
lieb, lieber,
am liebsten
die **Lie|be**
lie|ben, sie liebt,
sie liebte,
sie hat geliebt

letzte / Letzte

Kleinschreibung

das letzte Mal
der letzte Versuch
zum letzten Mal

Großschreibung

der Letzte im Ziel
sie kam als Letzte

Li bis Lo

der **Lieb|ling**,
die Lieblinge
Liech|ten|stein
das **Lied**, die Lieder
lie|fern, er liefert,
er lieferte,
er hat geliefert
die **Lie|ge**, die Liegen
lie|gen, es liegt,
es lag,
es hat gelegen
die **Lin|de** (Baum)
die Linden
das **Li|ne|al**,
die Lineale
die **Li|nie**, die Linien
links
die **List** (geheimer Plan)
die **Lis|te**,
die Listen
lis|tig, listiger,
am listigsten
Li|tau|en
der (das) **Li|ter** [l],
die Liter
der **LKW** (Abkürzung
für Lastkraftwagen),
die LKWs

das **Lob**
lo|ben, er lobt,
er lobte,
er hat gelobt
das **Loch**,
die Löcher
der **Lo|cher**,
die Locher
lo|cker, lockerer,
am lockersten
lo|dern, es lodert,
es loderte,
es hat gelodert
der **Löf|fel**,
die Löffel
der **Lohn**, die Löhne
sich **loh|nen**,
es lohnt sich,
es lohnte sich,
es hat sich gelohnt
die **Lok**, die Loks
die **Lo|ko|mo|ti|ve**,
die Lokomotiven
los
das **Los**, die Lose
lö|schen, er löscht,
er löschte,
er hat gelöscht

Lo bis Lu

lo|sen, sie lost,
sie loste,
sie hat gelost
lö|sen, er löst,
er löste,
er hat gelöst
los|las|sen,
sie lässt los,
sie ließ los,
sie hat losgelassen
die **Lö|sung**,
die Lösungen
der **Lö|we**, die Löwen
der **Lö|wen|zahn**
der **Luchs**,
die Luchse
die **Lü|cke**,
die Lücken
die **Luft**, die Lüfte
der **Luft|bal|lon**,
die Luftballons
luf|tig, luftiger,
am luftigsten
die **Luft|ma|trat|ze**
(auch: Luft|mat|rat|ze),
die Luftmatratzen
der **Luft|zug**
die **Lü|ge**, die Lügen

lü|gen, er lügt,
er log,
er hat gelogen
der **Lüm|mel**,
die Lümmel
der **Lump**,
die Lumpen
die **Lu|pe**,
die Lupen
die **Lust**
lus|tig, lustiger,
am lustigsten
Lu|xem|burg
der **Lu|xus**

M bis Ma

Mm

m (Abkürzung für Meter)
ma|chen, er macht, er machte, er hat gemacht
die **Macht**, die Mächte
mäch|tig, mächtiger, am mächtigsten
das **Mäd|chen**, die Mädchen
Mag|de|burg (Landeshauptstadt von Sachsen-Anhalt)
der **Mag|net** (auch: Ma|gnet), die Magnete
mag|ne|tisch (auch: ma|gne|tisch)
mä|hen, sie mäht, sie mähte, sie hat gemäht
mah|len (zerkleinern), er mahlt, er mahlte, er hat gemahlen

mah|nen, sie mahnt, sie mahnte, sie hat gemahnt
die **Mah|nung**, die Mahnungen
der **Mai**
das **Mai|glöck|chen**, die Maiglöckchen
der **Mai|kä|fer**, die Maikäfer
Main (Fluss)
Mainz (Landeshauptstadt von Rheinland-Pfalz)
der **Mais**
Ma|ke|do|ni|en
die **Mak|ka|ro|ni** (Nudelsorte)
mal 💡
das **Mal**, die Male 💡
ma|len (zeichnen), sie malt, sie malte, sie hat gemalt
Mal|ta

Ma

das **Malz**
die **Ma|ma**,
    die Mamas
das **Mam|mut**, 💡
    die Mammuts
der **Mam|mut|baum**,
    die Mammutbäume
man
man|che
manch|mal
die **Man|da|ri|ne**,
    die Mandarinen
der **Mann**, die Männer

männ|lich
die **Mann|schaft**,
    die Mannschaften
der **Man|tel**,
    die Mäntel
die **Map|pe**,
    die Mappen
das **Mär|chen**,
    die Märchen
der **Mar|der**,
    die Marder
die **Mar|ga|ri|ne**
die **Mar|ge|ri|te** (Blume),
    die Margeriten
der **Ma|ri|en|kä|fer**,
    die Marienkäfer
die **Mar|ke**,
    die Marken

mal / Mal

Kleinschreibung
auf einmal
diesmal
(noch) einmal
malnehmen

Großschreibung
das letzte Mal
zum letzten Mal
dieses Mal
viele Male

Mammut

Ausgestorbene Elefantenart aus der Steinzeit mit langen Fell und sehr langen Stoßzähnen

Ma bis Me

mar|kie|ren,
er markiert,
er markierte,
er hat markiert
der **Markt**,
die Märkte
der **Markt|platz**,
die Marktplätze
die **Mar|me|la|de**,
die Marmeladen
mar|schie|ren,
sie marschiert,
sie marschierte,
sie ist marschiert
der **März**
die **Ma|schi|ne**,
die Maschinen
das **Maß|band**,
die Maßbänder
der **Ma|tro|se** (auch: Mat|ro|se),
die Matrosen
der **Matsch**
mat|schig,
matschiger,
am matschigsten
matt, matter,
am mattesten

die **Mau|er**,
die Mauern
das **Maul**,
die Mäuler
der **Maul|wurf**,
die Maulwürfe
der **Mau|rer**,
die Maurer
die **Maus**,
die Mäuse
Meck|len|burg-Vor|pom|mern
die **Me|di|en**
die **Me|di|zin**
das **Meer**, die Meere
die **Meer|jung|frau**
das **Meer|schwein|chen**,
die Meerschweinchen
das **Mehl**
mehr
meh|re|re
die **Mehr|zahl**
mein, meine, meinem, meinen
mei|nen, er meint,
er meinte,
er hat gemeint

Me bis Mi

die **Mei|nung**,
die Meinungen
die **Mei|se**, die Meisen
am **meis|ten**
meis|tens
der **Meis|ter**,
die Meister
die **Meis|te|rin**,
die Meisterinnen
mel|den, sie meldet,
sie meldete,
sie hat gemeldet
die **Mel|dung**,
die Meldungen
die **Me|lo|die**,
die Melodien
die **Me|lo|ne**,
die Melonen
die **Men|ge**,
die Mengen
der **Mensch**,
die Menschen
mer|ken, sie merkt,
sie merkte,
sie hat gemerkt
mes|sen, er misst,
er maß,
er hat gemessen

das **Mes|ser**,
die Messer
mes|ser|scharf
das **Me|tall**,
die Metalle
der **Me|ter** [m],
die Meter
mg (Abkürzung für Milligramm)
mi|au|en, sie miaut,
sie miaute,
sie hat miaut
mich
die **Mie|te**, die Mieten
mie|ten, er mietet,
er mietete,
er hat gemietet
die **Milch**
mild, milder,
am mildesten
das **Mil|li|gramm** [mg]
der **Mil|li|li|ter** [ml]
der **Mil|li|me|ter** [mm]
min|des|tens
das **Mi|ne|ral**,
die Mineralien
die **Mi|nu|te**,
die Minuten

Mi bis Mo

     mir
der **Mist**
     mit
     mit|ein|an|der (auch: mit|ei|nan|der)
das **Mit|leid**
der **Mit|laut**, die Mitlaute
der **Mit|tag**, 💡 die Mittage
das **Mit|tag|es|sen**, die Mittagessen
     mit|tags 💡
die **Mit|te**
der **Mitt|woch**, 💡 die Mittwoche

     mi|xen, sie mixt, sie mixte, sie hat gemixt
der **Mi|xer**, die Mixer
     ml (Abkürzung für Milliliter)
     mm (Abkürzung für Millimeter)
die **Mö|bel**
die **Mo|de**
das **Mo|dell**, die Modelle
     mo|dern, moderner, am modernsten

Mittag / mittags

Großschreibung
am Mittag
heute Mittag
der Dienstagmittag

Kleinschreibung
mittags
dienstagmittags

Mittwoch / mittwochs

Großschreibung
der Mittwoch
am Mittwoch
am Mittwochmorgen

Kleinschreibung
mittwochs
mittwochabends

Mo

mod|rig, modriger, am modrigsten
mö|gen, er mag, er mochte, er hat gemocht
möglich
die **Mög|lich|keit**, die Möglichkeiten
der **Mohn**
die **Möh|re**, die Möhren
der **Molch**, die Molche
Mol|da|wi|en
der **Mo|ment**, die Momente
Mo|na|co

der **Mo|nat**, die Monate
der **Mond**, die Monde
das **Mons|ter**, die Monster
der **Mon|tag**, 💡 die Montage
das **Moor**, die Moore
das **Moos**, die Moose
mor|gen 💡
der **Mor|gen**, 💡 die Morgen
mor|gens
Mo|sel (Fluss)

Montag / montags

Großschreibung
der Montag
am Montag
am Montagmorgen

Kleinschreibung
montags
montagabends

Morgen / morgen

Großschreibung
am Morgen
eines Morgens
heute Morgen
der Dienstagmorgen
Guten Morgen!

Kleinschreibung
morgen Abend
bis morgen
der morgige Tag

Mo bis Mu

der **Mo|tor**,
die Motoren
das **Mo|tor|rad**,
die Motorräder
die **Mot|te**,
die Motten
die **Mö|we**,
die Möwen
mü|de, müder,
am müdesten
die **Mü|he**, die Mühen
sich **mü|hen**,
er müht sich,
er mühte sich,
er hat sich gemüht
die **Müh|le**,
die Mühlen
müh|sam
der **Müll**
die **Müll|de|po|nie**,
die Mülldeponien
die **Müll|ton|ne**,
die Mülltonnen
die **Mu|mie**,
die Mumien
Mün|chen (Landeshauptstadt von Bayern)

der **Mund**, die Münder
münd|lich
mun|keln,
sie munkelt,
sie munkelte,
sie hat gemunkelt
mun|ter,
munterer,
am muntersten
die **Mun|ter|keit**
die **Mün|ze**, die Münzen
die **Mur|mel**,
die Murmeln
mur|meln,
er murmelt,
er murmelte,
er hat gemurmelt
mur|ren, sie murrt,
sie murrte,
sie hat gemurrt
das (der) **Mus**
die **Mu|schel**,
die Muscheln
das **Mu|se|um**,
die Museen
die **Mu|sik**
der **Mus|kel**,
die Muskeln

Mu bis Na

mus|ku|lös,
muskulöser,
am muskulösesten

mus|li|misch (auch: moslemisch)

müs|sen, er muss, er musste, er hat gemusst

das **Mus|ter**,
die Muster

der **Mut**

mu|tig, mutiger, am mutigsten

die **Mut|ter**,
die Mütter

die **Müt|ze**,
die Mützen

Nn

nach

der **Nach|bar**,
die Nachbarn

die **Nach|ba|rin**,
die Nachbarinnen

nach|dem

nach|her

der **Nach|mit|tag**, 💡
die Nachmittage

die **Nach|richt**,
die Nachrichten

Nachmittag / nachmittags

Großschreibung
am Nachmittag
eines Nachmittag
heute Nachmittag
der Dienstagnachmittag

Kleinschreibung
nachmittags
dienstagnachmittags

Na

nach|schla|gen,
sie schlägt nach,
sie schlug nach,
sie hat nachgeschlagen
nächs|te, 💡
nächster
die **Nacht**, 💡
die Nächte
nachts 💡
nackt (auch: nackig)
die **Na|del**,
die Nadeln
der **Na|gel**, die Nägel
nah, näher,
am nächsten
die **Nä|he**

nä|hen, er näht,
er nähte,
er hat genäht
die **Nah|rung**
die **Naht**, die Nähte
der **Na|me**, die Namen
näm|lich
die **Nar|zis|se** (Blume),
die Narzissen
na|schen, er nascht,
er naschte,
er hat genascht
die **Na|se**, die Nasen

nächste / Nächste

Kleinschreibung
das nächste Mal
der nächste Tag
in der nächsten Zeit

Großschreibung
Wer ist die Nächste?

Nacht / nachts

Großschreibung
in der Nacht
eines Nachts
heute Nacht
es wird Nacht
Gute Nacht!

Kleinschreibung
nachts
dienstagnachts
nächtlich

Na bis Ni

das **Nas|horn**,
die Nashörner
nass, nasser,
am nassesten
die **Näs|se**
die **Na|tur**
na|tür|lich,
natürlicher,
am natürlichsten
der **Ne|bel**, die Nebel
ne|ben
ne|ben|her
Ne|ckar (Fluss)
der **Nef|fe**, die Neffen
neh|men, sie nimmt,
sie nahm,
sie hat genommen
nein
die **Nel|ke**, die Nelken
nen|nen, er nennt,
er nannte,
er hat genannt
ner|vös, nervöser,
am nervösesten
das **Nest**, die Nester
nett, netter,
am nettesten
das **Netz**, die Netze

neu, neuer,
am neuesten
die **Neu|gier|de**
neu|gie|rig,
neugieriger,
am neugierigsten
die **Neu|ig|keit**,
die Neuigkeiten
neun 💡
neun|zig
nicht

neun / Neun

Kleinschreibung
neun Jahre alt
es ist neun drei
neun mal vier

der neunjährige
Junge
der 9-jährige Junge
neunmal
9-mal

Großschreibung
die Zahl Neun

Ni bis No

die **Nich|te**,
die Nichten
nichts
ni|cken, sie nickt,
sie nickte,
sie hat genickt
nie
nie|der
nie|der|ge|schla|gen
die **Nie|der|lan|de**
Nie|der|sach|sen
der **Nie|der|schlag**,
die Niederschläge
nied|lich,
niedlicher,
am niedlichsten
nied|rig,
niedriger,
am niedrigsten
nie|mals
nie|mand
die **Nie|re**,
die Nieren
nie|seln, es nieselt,
es nieselte,
es hat genieselt
der **Ni|ko|laus**
nir|gends

die **Ni|xe** (Meerjungfrau),
die Nixen
noch
das **No|men** (Namen-
wort), die Nomen
die **Non|ne**,
die Nonnen
der **Nor|den**
nörd|lich
der **Nord|pol**
**Nord|rhein-
West|fa|len**
die **Nord|see**
nor|mal, normaler,
am normalsten
Nor|we|gen
die **Not**, die Nöte
nö|tig, nötiger,
am nötigsten
der **Not|ruf**,
die Notrufe
no|tie|ren,
sie notiert,
sie notierte,
sie hat notiert
die **No|tiz**,
die Notizen
der **No|vem|ber**

Nu bis Om

die **Nu|del**,
die Nudeln

die **Num|mer**,
die Nummern

nun

nur

die **Nuss**, die Nüsse

der **Nut|zen**,
die Nutzen

nut|zen, sie nutzt,
sie nutzte,
sie hat genutzt

nüt|zen, es nützt,
es nützte,
es hat genützt

nütz|lich,
nützlicher,
am nützlichsten

Oo

ob

oben

das **Ob|jekt** (Satzergänzung)

das **Obst**

oder

Oder (Fluss)

der **Ofen**, die Öfen

of|fen

öf|fent|lich

öff|nen,
er öffnet,
er öffnete,
er hat geöffnet

oft, öfter

oft|mals

oh|ne

das **Ohr**,
die Ohren

der **Ok|to|ber**

das **Öl**, die Öle

die **Oli|ve**,
die Oliven

die **Oma**, die Omas

der **Om|ni|bus**,
die Omnibusse

On bis Pa

der **On|kel**,
die Onkel
der **Opa**, die Opas
die **Oran|ge**,
die Orangen
oran|ge
das **Or|ches|ter**,
die Orchester
or|dent|lich,
ordentlicher,
am ordentlichsten
ord|nen,
sie ordnet,
sie ordnete,
sie hat geordnet
die **Ord|nung**
der **Or|kan** (Sturm),
die Orkane
der **Ort**,
die Orte
der **Os|ten**
öst|lich
Os|tern
Ös|ter|reich
die **Ost|see**
der **Ot|ter**,
die Otter

Pp

paar 💡
das **Paar**, 💡
die Paare
das **Päck|chen**,
die Päckchen
pa|cken, er packt,
er packte,
er hat gepackt
das **Pad|del**,
die Paddel
das **Pa|ket**, die Pakete

paar / Paar

Kleinschreibung
paar ⇨ mehrere
ein paar Leute
ein paar Häuser
weiter

Großschreibung
Paar ⇨ zwei
ein Paar Socken
das Paar, das bald
heiratet

Pa bis Pe

die **Pal|me**,
die Palmen
der **Pan|da|bär**,
die Pandabären
die **Pan|ne**, die Pannen
der **Pan|tof|fel**,
die Pantoffeln
der **Pa|pa**, die Papas
der **Pa|pa|gei**,
die Papageien
das **Pa|pier**,
die Papiere
die **Pap|pe**,
die Pappen
das **Papp|ma|schee**
die **Pa|pri|ka**
(auch: Pap|ri|ka),
die Paprikas
der **Par|cours** (Hindernisstrecke),
die Parcours
der **Park**, die Parks
par|ken, sie parkt,
sie parkte,
sie hat geparkt
der **Part|ner**,
die Partner
der **Pass**, die Pässe

pas|sen, es passt,
es passte,
es hat gepasst
pas|sie|ren,
es passiert,
es passierte,
es ist passiert
der **Pas|tor**,
die Pastoren
die **Pas|to|rin**,
die Pastorinnen
der **Pa|te**, die Paten
der **Pa|ti|ent**,
die Patienten
die **Pa|ti|en|tin**,
die Patientinnen
die **Pa|tin**,
die Patinnen
die **Pau|se**,
die Pausen
das **Pech**
die **Pe|da|le**,
die Pedalen
der **Pelz**, die Pelze
der **Pe|nis**,
die Penisse
die **Per|son**,
die Personen

Pe bis Pi

     per|sön|lich
die **Pfan|ne**,
     die Pfannen
der **Pfar|rer**,
     die Pfarrer
die **Pfar|re|rin**,
     die Pfarrerinnen
der **Pfau**,
     die Pfauen
der **Pfef|fer**
die **Pfei|fe**,
     die Pfeifen
     pfei|fen, er pfeift,
     er pfiff,
     er hat gepfiffen
der **Pfeil**, die Pfeile
das **Pferd**,
     die Pferde
der **Pfiff**, die Pfiffe
     Pfings|ten
der **Pfir|sich**,
     die Pfirsiche
die **Pflan|ze**,
     die Pflanzen
     pflan|zen,
     sie pflanzt,
     sie pflanzte,
     sie hat gepflanzt

das **Pflas|ter**,
     die Pflaster
die **Pflau|me**,
     die Pflaumen
die **Pfle|ge**
     pfle|gen, er pflegt,
     er pflegte,
     er hat gepflegt
die **Pflicht**,
     die Pflichten
     pflü|cken,
     sie pflückt,
     sie pflückte,
     sie hat gepflückt
der **Pflug**, die Pflüge
     pflü|gen, er pflügt,
     er pflügte,
     er hat gepflügt
die **Pfo|te**,
     die Pfoten
die **Pfüt|ze**,
     die Pfützen
     pie|ken, es piekt,
     es piekte,
     es hat gepiekt
     pie|pen, es piept,
     es piepte,
     es hat gepiept

Pi bis Po

die **Pil|le**,
die Pillen
der **Pi|lot**,
die Piloten
die **Pi|lo|tin**,
die Pilotinnen
der **Pilz**, die Pilze
der **Pin|gu|in**,
die Pinguine
die **Pinn|wand**,
die Pinnwände
der **Pin|sel**,
die Pinsel
die **Piz|za**, die Pizzas
der **PKW** (Abkürzung für Personenkraftwagen), die PKWs
das **Pla|kat**,
die Plakate
der **Plan**, die Pläne
pla|nen, er plant,
er plante,
er hat geplant
der **Pla|net**,
die Planeten
das **Plas|tik**
die **Plas|tik|tü|te**,
die Plastiktüten

die **Plat|te**,
die Platten
der **Platz**,
die Plätze
das **Plätz|chen**,
die Plätzchen
plat|zen, es platzt,
es platzte,
es ist geplatzt
plötz|lich
plump
der **Plu|ral** (Mehrzahl)
der **Po**, die Pos
der **Po|kal**,
die Pokale
Po|len
die **Po|li|zei**
der **Po|li|zist**,
die Polizisten
die **Po|li|zis|tin**,
die Polizistinnen
das **Pols|ter**,
die Polster
pol|tern,
es poltert,
es polterte,
es hat gepoltert
die **Pom|mes**

Po bis Pr

das **Po|ny**, die Ponys
Por|tu|gal
die **Post**
Pots|dam
(Landeshauptstadt
von Brandenburg)
die **Pracht**
präch|tig,
prächtiger,
am prächtigsten
das **Prä|di|kat**
(Satzaussage)
prah|len, er prahlt,
er prahlte,
er hat geprahlt
prak|tisch,
praktischer,
am praktischsten
die **Pran|ke**,
die Pranken
die **Pra|xis**,
die Praxen
der **Preis**, die Preise
pres|sen, sie presst,
sie presste,
sie hat gepresst
der **Pries|ter**,
die Priester

pri|ma
der **Prinz**,
die Prinzen
die **Prin|zes|sin**,
die Prinzessinnen
pri|vat
pro (für)
die **Pro|be**,
die Proben
pro|ben, er probt,
er probte,
er hat geprobt
pro|bie|ren,
sie probiert,
sie probierte,
sie hat probiert
das **Prob|lem** (auch:
Pro|blem)
die Probleme
prob|le|ma|tisch
(auch: pro|ble-
ma|tisch)
das **Pro|dukt**,
die Produkte
der **Pro|fes|sor**,
die Professoren
die **Pro|fes|so|rin**,
die Professorinnen

Pr bis Py

der **Pro|fi** (Fachmann),
die Profis
das **Pro|gramm**,
die Programme
das **Pro|jekt** (Vorhaben),
die Projekte
das **Pro|no|men**
(Fürwort)
prü|fen, sie prüft,
sie prüfte,
sie hat geprüft
die **Prü|fung**,
die Prüfungen
die **Pu|ber|tät**
das **Pub|li|kum** (auch:
Pu|bli|kum)
der **Pud|ding**,
die Puddings
der **Pu|del**,
die Pudel
pu|del|nass
der **Pul|li**, die Pullis
der **Pul|lo|ver** (auch:
Pull|o|ver),
die Pullover
der **Puls**
das **Pul|ver**,
die Pulver

pum|pen, er pumpt,
er pumpte,
er hat gepumpt
der **Punkt**,
die Punkte
pünkt|lich,
pünktlicher,
am pünktlichsten
die **Pu|pil|le**,
die Pupillen
die **Pup|pe**,
die Puppen
das **Püpp|chen**,
die Püppchen
pur|zeln,
es purzelt,
es purzelte,
es ist gepurzelt
pus|ten, sie pustet,
sie pustete,
sie hat gepustet
put|zen, er putzt,
er putzte,
er hat geputzt
die **Py|ra|mi|de**,
die Pyramiden

Qu

Qq

das **Qua|drat** (auch:
Quad|rat),
die Quadrate
qua|ken,
sie quakt,
sie quakte,
sie hat gequakt
die **Qual**, die Qualen
quä|len, er quält,
er quälte,
er hat gequält
die **Qua|li|tät**
die **Qual|le**,
die Quallen
der **Qualm**
qual|men,
es qualmt,
es qualmte,
es hat gequalmt
der **Quark**
das **Quar|tett**,
die Quartette
das **Quar|tier**
(Unterkunft),
die Quartiere
der **Quatsch**

quat|schen,
er quatscht,
er quatschte,
er hat gequatscht
die **Quel|le**,
die Quellen
quen|geln,
sie quengelt,
sie quengelte,
sie hat gequengelt
quer
quet|schen,
er quetscht,
er quetschte,
er hat gequetscht
quie|ken, sie quiekt,
sie quiekte,
sie hat gequiekt
quiet|schen,
es quietscht,
es quietschte,
es hat gequietscht
der **Quirl**, die Quirle
die **Quit|tung**,
die Quittungen
das **Quiz**, die Quiz

Rr

der **Ra|be**,
   die Raben
die **Ra|che**
der **Ra|chen**,
   die Rachen
sich **rä|chen**,
   er rächt sich,
   er rächte sich,
   er hat sich gerächt
das **Rad**, die Räder
der **Rad|fah|rer**,
   die Radfahrer
die **Rad|fah|re|rin**,
   die Radfahrerinnen
der **Ra|dier|gum|mi**,
   die Radiergummis
das **Ra|dies|chen**,
   die Radieschen
das **Ra|dio**,
   die Radios
der **Rah|men**,
   die Rahmen
die **Ra|ke|te**,
   die Raketen
die **Ram|pe**,
   die Rampen

der **Rand**,
   die Ränder
ra|scheln,
   es raschelt,
   es raschelte,
   es hat geraschelt
ra|sen, sie rast,
   sie raste,
   sie ist gerast
die **Ras|sel**,
   die Rasseln
ras|seln, es rasselt,
   es rasselte,
   es hat gerasselt
der **Rat**
ra|ten, er rät, er riet,
   er hat geraten
das **Rät|sel**,
   die Rätsel
die **Rat|te**,
   die Ratten
der **Rau|reif**
der **Raub**
rau|ben, sie raubt,
   sie raubte,
   sie hat geraubt
der **Räu|ber**,
   die Räuber

Ra bis Re

das **Raub|tier**,
die Raubtiere
der **Rauch**
rau|chen,
es raucht,
es rauchte,
es hat geraucht
rauf
der **Raum**, die Räume
räu|men, sie räumt,
sie räumte,
sie hat geräumt
die **Raum|sta|ti|on**,
die Raumstationen

die **Rau|pe**,
die Raupen
raus
rau|schen,
es rauscht,
es rauschte,
es hat gerauscht
rech|nen, er rechnet,
er rechnete,
er hat gerechnet
das **Recht** 💡,
die Rechte
rech|te, rechter
rechts
das **Re|cyc|ling** 💡
(auch: Re|cy|cling)
die **Re|de**, die Reden

recht / Recht

Kleinschreibung
das geschieht ihm
recht
jetzt erst recht
so ist es recht
recht haben
recht bekommen

Großschreibung
im Recht sein

Recycling

Beim Recycling wird Müll wieder verwertbar gemacht, z. B. wird aus Altpapier wieder neues Papier hergestellt.

Re

reden, sie redet,
sie redete,
sie hat geredet

das **Re|fe|rat** (Vortrag),
die Referate

der **Re|flek|tor**
(Rückstrahler),
die Reflektoren

das **Re|gal**,
die Regale

die **Re|gel**, die Regeln
re|gel|mä|ßig

der **Re|gen**

die **Re|gen|wol|ke**,
die Regenwolken

der **Re|gen|wurm**,
die Regenwürmer
reg|nen, es regnet,
es regnete,
es hat geregnet

das **Reh**, die Rehe
reich, reicher,
am reichsten
rei|chen, es reicht,
es reichte,
es hat gereicht

der **Reich|tum**,
die Reichtümer

reif, reifer,
am reifsten

die **Rei|he**,
die Reihen

die **Rei|hen|fol|ge**,
die Reihenfolgen
reih|um

der **Reim**, die Reime
sich **rei|men**,
es reimt sich,
es reimte sich,
es hat sich gereimt
rein
rein|ge|hen,
sie geht rein,
sie ging rein,
sie ist reingegangen

der **Reis**

die **Rei|se**,
die Reisen
rei|sen, er reist,
er reiste,
er ist gereist
rei|ßen, sie reißt,
sie riss,
sie hat gerissen
rei|ten, er reitet,
er ritt, er ist geritten

Re bis Ri

der **Rei|ter**, die Reiter
die **Rei|te|rin**,
die Reiterinnen
die **Re|kla|me** (Werbung)
der **Rek|tor**,
die Rektoren
die **Rek|to|rin**,
die Rektorinnen
die **Re|li|gi|on**,
die Religionen
das **Ren|nen**, die Rennen
ren|nen, sie rennt,
sie rannte,
sie ist gerannt
das **Ren|tier**,
die Rentiere
re|pa|rie|ren,
er repariert,
er reparierte,
er hat repariert
die **Re|pa|ra|tur**,
die Reparaturen
die **Re|pu|blik** (auch:
Re|pub|lik)
die Republiken
die **Re|ser|ve** (Vorrat),
die Reserven
der **Rest**, die Reste

das **Res|tau|rant** (auch:
Re|stau|rant),
die Restaurants
der **Rest|müll**
ret|ten, er rettet,
er rettete,
er hat gerettet
die **Reue**
das **Re|zept**,
die Rezepte
der **Rha|bar|ber**
(Pflanze)
Rhein (Fluss)
Rhein|land-Pfalz
rich|tig
die **Rich|tung**,
die Richtungen
rie|chen, es riecht,
es roch,
es hat gerochen
der **Rie|men**,
die Riemen
der **Rie|se**, die Riesen
rie|sig, riesiger,
am riesigsten
das **Rind**, die Rinder
die **Rin|de**, die Rinden
der **Ring**, die Ringe

Ri bis Ro

die **Ris|pe** (Blütenform), die Rispen
der **Riss**, die Risse
der **Rit|ter**, die Ritter
die **Rob|be**, die Robben
die **Ro|bi|nie** (Baum), die Robinien
der **Rock**, die Röcke
ro|deln, sie rodelt, sie rodelte, sie ist gerodelt
der **Rog|gen**
roh
die **Roh|kost**
das **Rohr**, die Rohre
die **Röh|re**, die Röhren
die **Rol|le**, die Rollen
rol|len, er rollt, er rollte, er ist gerollt
der **Rol|ler**, die Roller
ro|sa
die **Ro|se**, die Rosen
die **Ro|si|ne**, die Rosinen

der **Rost**
ros|ten, es rostet, es rostete, es hat gerostet
rös|ten, sie röstet, sie röstete, sie hat geröstet
ros|tig, rostiger, am rostigsten
rot

rot / Rot

Kleinschreibung

mein T-Shirt ist rot
mein rotes T-Shirt
rot kariert
rot gestreift
rothaarig
dunkelrot
tomatenrot

Großschreibung

das Rot der Tomate
ein feuriges Rot
die Ampel steht auf Rot

Ro bis Ru

der **Rot|fuchs**,
die Rotfüchse
das **Rot|kehl|chen**
(Vogel),
die Rotkehlchen
der **Rü|cken**,
die Rücken
rü|cken, er rückt,
er rückte,
er ist gerückt
der **Ruck|sack**,
die Rucksäcke
der **Rück|strah|ler**,
die Rückstrahler
ru|fen, sie ruft,
sie rief,
sie hat gerufen
die **Ru|he**
ru|hen, er ruht,
er ruhte,
er hat geruht
ru|hig, ruhiger,
am ruhigsten
rüh|ren, sie rührt,
sie rührte,
sie hat gerührt
die **Ru|i|ne**,
die Ruinen

Ru|mä|ni|en
rum|peln,
es rumpelt,
es rumpelte,
es hat gerumpelt
rund
run|ter
Russ|land
die **Rüs|tung**,
die Rüstungen
die **Rut|sche**,
die Rutschen
rut|schen,
er rutscht,
er rutschte,
er ist gerutscht
rüt|teln, sie rüttelt,
sie rüttelte,
sie hat gerüttelt

Ss

der **Saal**,
die Säle
Saa|le (Fluss)
Saar (Fluss)
Saar|brü|cken
(Landeshauptstadt
des Saarlandes)
Saar|land
die **Saat**
das **Sach|buch**,
die Sachbücher
die **Sa|che**,
die Sachen
sach|lich,
sachlicher,
am sachlichsten
Sach|sen
Sach|sen-An|halt
der **Sack**, die Säcke
sä|en, sie sät,
sie säte,
sie hat gesät
der **Saft**,
die Säfte
saf|tig, saftiger,
am saftigsten

sa|gen, er sagt,
er sagte,
er hat gesagt
sä|gen, sie sägt,
sie sägte,
sie hat gesägt
sa|gen|haft
die **Sah|ne**
sah|nig
die **Sai|te** (des Musik-
instruments),
die Saiten
der **Sa|lat**,
die Salate
der **Sal|to**,
die Saltos
(auch: die Salti)
das **Salz**,
die Salze
sal|zig,
salziger,
am salzigsten
der **Sa|men**,
die Samen
sam|meln,
sie sammelt,
sie sammelte,
sie hat gesammelt

Sa

der **Sams|tag**, 💡
die Samstage
der **Sand**
die **San|da|le**,
die Sandalen
san|dig, sandiger,
am sandigsten
der **Sand|dorn** (Pflanze)
der **Sän|ger**, die Sänger
die **Sän|ge|rin**,
die Sängerinnen
San Ma|ri|no
die **Sar|di|ne**,
die Sardinen

der **Sarg**, die Särge
der **Sa|tel|lit**,
die Satelliten
satt, satter,
am sattesten
sat|teln, er sattelt,
er sattelte,
er hat gesattelt
der **Satz**,
die Sätze
sau|ber,
sauberer,
am saubersten
sau|er, saurer,
am sauersten
der **Sau|er|stoff**
sau|gen, er saugt,
er saugte,
er hat gesaugt
das **Säu|ge|tier**,
die Säugetiere
der **Säug|ling**,
die Säuglinge
der **Sau|ri|er**,
die Saurier
sau|sen, sie saust,
sie sauste,
sie ist gesaust

Samstag / samstags

Großschreibung
der Samstag
am Samstag
am Samstagmorgen

Kleinschreibung
samstags
samstagabends

Sc bis Scha

der **Scan|ner**,
die Scanner

scha|ben, er schabt,
er schabte,
er hat geschabt

der **Scha|ber**,
die Schaber

die **Scha|blo|ne** (auch:
Schab|lo|ne),
die Schablonen

die **Schach|tel**,
die Schachteln

der **Scha|den**,
die Schäden

scha|den,
es schadet,
es schadete,
es hat geschadet

der **Schäd|ling**,
die Schädlinge

das **Schaf**,
die Schafe

der **Schä|fer**,
die Schäfer

schaf|fen,
sie schafft,
sie schaffte,
sie hat geschafft

der **Schal**,
die Schals

die **Scha|le**,
die Schalen

schal|ten,
er schaltet,
er schaltete,
er hat geschaltet

sich **schä|men**,
sie schämt sich,
sie schämte sich,
sie hat sich
geschämt

das **Schar|bocks|kraut**
(Pflanze)

scharf, schärfer,
am schärfsten

der **Schat|ten**,
die Schatten

der **Schatz**,
die Schätze

schau|en, er schaut,
er schaute,
er hat geschaut

der **Schau|er**,
die Schauer

die **Schau|kel**,
die Schaukeln

Scha bis Schi

schau|keln,
sie schaukelt,
sie schaukelte,
sie hat geschaukelt
der **Schaum**,
die Schäume
schäu|men,
es schäumt,
es schäumte,
es hat geschäumt
die **Schei|be**,
die Scheiben
die **Schei|de**,
die Scheiden
schei|nen,
sie scheint,
sie schien,
sie hat geschienen
der **Schein|wer|fer**,
die Scheinwerfer
schen|ken,
er schenkt,
er schenkte,
er hat geschenkt
die **Sche|re**,
die Scheren
der **Scherz**,
die Scherze

scher|zen,
er scherzt,
er scherzte,
er hat gescherzt
scheu, scheuer,
am scheuesten
die **Scheu|ne**,
die Scheunen
scheuß|lich,
scheußlicher,
am scheußlichsten
der **Schi** (auch: Ski),
die Schi (auch: Skier)
die **Schicht**,
die Schichten
schi|cken,
sie schickt,
sie schickte,
sie hat geschickt
schie|ben,
er schiebt, er schob,
er hat geschoben
der **Schieds|rich|ter**,
die Schiedsrichter
schief, schiefer,
am schiefsten
die **Schie|ne**,
die Schienen

Schi bis Schl

schie|ßen,
sie schießt,
sie schoss,
sie hat geschossen
das **Schiff**, die Schiffe
das **Schild** (Verkehrsschild), die Schilder
der **Schild** (Schutz), die Schilde
der **Schim|pan|se**, die Schimpansen
schimp|fen,
er schimpft,
er schimpfte,
er hat geschimpft
der **Schirm**, die Schirme
schla|fen,
sie schläft,
sie schlief,
sie hat geschlafen
schläf|rig,
schläfriger,
am schläfrigsten
der **Schlag**, die Schläge
schla|gen,
er schlägt, er schlug,
er hat geschlagen
der **Schlamm**

schlam|mig
die **Schlan|ge**,
die Schlangen
schlapp, schlapper,
am schlappsten
der **Schlauch**,
die Schläuche
schlecht,
schlechter,
am schlechtesten
schlei|chen,
sie schleicht,
sie schlich,
sie ist geschlichen
die **Schlei|fe**,
die Schleifen
schlen|dern,
er schlendert,
er schlenderte,
er ist geschlendert
schlep|pen,
sie schleppt,
sie schleppte,
sie hat geschleppt
Schles|wig-Hol|stein
die **Schleu|der**,
die Schleudern

Schl bis Schm

schleu|dern,
er schleudert,
er schleuderte,
er hat geschleudert
schlie|ßen,
sie schließt,
sie schloss,
sie hat geschlossen
schließ|lich
schlimm,
schlimmer,
am schlimmsten
die **Schlin|ge**,
die Schlingen
schlin|gen,
sie schlingt,
sie schlang,
sie hat geschlungen
der **Schlit|ten**,
die Schlitten
der **Schlitz**,
die Schlitze
schlot|tern,
er schlottert,
er schlotterte,
er hat geschlottert
das **Schloss**,
die Schlösser

die **Schlucht**,
die Schluchten
der **Schluck**,
die Schlucke
schlu|cken,
sie schluckt,
sie schluckte,
sie hat geschluckt
schlüp|fen,
er schlüpft,
er schlüpfte,
er ist geschlüpft
der **Schluss**,
die Schlüsse
der **Schlüs|sel**,
die Schlüssel
die **Schlüs|sel|blu|me**,
die Schlüsselblumen
schmal, schmaler,
am schmalsten
schme|cken,
es schmeckt,
es schmeckte,
es hat geschmeckt
der **Schmerz**,
die Schmerzen
der **Schmet|ter|ling**,
die Schmetterlinge

Schm bis Schn

schmie|ren,
sie schmiert,
sie schmierte,
sie hat geschmiert
die **Schmin|ke**
schmol|len,
er schmollt,
er schmollte,
er hat geschmollt
der **Schmuck**
schmü|cken,
sie schmückt,
sie schmückte,
sie hat geschmückt
schmug|geln,
er schmuggelt,
er schmuggelte,
er hat geschmuggelt
schmun|zeln,
sie schmunzelt,
sie schmunzelte,
sie hat geschmunzelt
der **Schmutz**
schmut|zig,
schmutziger,
am schmutzigsten
der **Schna|bel**,
die Schnäbel

die **Schnal|le**,
die Schnallen
schnau|ben,
er schnaubt,
er schnaubte,
er hat geschnaubt
die **Schnau|ze**,
die Schnauzen
die **Schne|cke**,
die Schnecken
der **Schnee**
die **Schnee|flo|cke**,
die Schneeflocken
das **Schnee|glöck|chen**,
die Schneeglöckchen
schnei|den,
er schneidet,
er schnitt,
er hat geschnitten
der **Schnei|de|zahn**,
die Schneidezähne
schnei|en,
es schneit,
es schneite,
es hat geschneit
schnell,
schneller,
am schnellsten

Schn bis Schr

das **Schnit|zel** (Fleisch),
die Schnitzel
der **Schnit|zel** (Stückchen), die Schnitzel
schnit|zen,
sie schnitzt,
sie schnitzte,
sie hat geschnitzt
schnüf|feln,
er schnüffelt,
er schnüffelte,
er hat geschnüffelt
der **Schnup|fen**
die **Schnur**,
die Schnüre
schnü|ren,
er schnürt,
er schnürte,
er hat geschnürt
schnur|ren,
sie schnurrt,
sie schnurrte,
sie hat geschnurrt
schnur|stracks
der **Schock**
die **Scho|ko|la|de**
die **Scho|ko|krem**,
die Schokokrems

die **Schol|le**, die Schollen
schon
schön, schöner,
am schönsten
schöp|fen,
er schöpft,
er schöpfte,
er hat geschöpft
der **Schorn|stein**,
die Schornsteine
schräg, schräger,
am schrägsten
der **Schrank**,
die Schränke
die **Schran|ke**,
die Schranken
der **Schreck**,
die Schrecken
schreck|lich,
schrecklicher,
am schrecklichsten
schrei|ben,
sie schreibt,
sie schrieb,
sie hat geschrieben
schrei|en, er schreit,
er schrie,
er hat geschrien

Schr bis Schu

die **Schrift**,
die Schriften
der **Schrift|stel|ler**,
die Schriftsteller
die **Schrift|stel|le|rin**,
die Schriftstellerinnen
der **Schritt**, die Schritte
die **Schub|kar|re**,
die Schubkarren
schüch|tern,
schüchterner,
am schüchternsten

der **Schuh**,
die Schuhe
der **Schul|bus**,
die Schulbusse
die **Schuld**, 💡
die Schulden
schuld|be|wusst
schul|dig
die **Schu|le**,
die Schulen
der **Schü|ler**,
die Schüler
die **Schü|le|rin**,
die Schülerinnen
der **Schul|hof**,
die Schulhöfe
der **Schul|ran|zen**,
die Schulranzen
die **Schul|ter**,
die Schultern
schum|meln,
sie schummelt,
sie schummelte,
sie hat geschummelt
schun|keln,
er schunkelt,
er schunkelte,
er hat geschunkelt

Schuld / schuld

Großschreibung
Schuld haben
das war meine Schuld
die Schuldgefühle

Kleinschreibung
schuld sein
du bist nicht schuld daran

Schu bis Schw

die **Schür|ze**,
die Schürzen
der **Schuss**,
die Schüsse
die **Schüs|sel**,
die Schüsseln
schüt|teln,
sie schüttelt,
sie schüttelte,
sie hat geschüttelt
schüt|ten,
er schüttet,
er schüttete,
er hat geschüttet
der **Schutz**
schüt|zen,
sie schützt,
sie schützte,
sie hat geschützt
schwach,
schwächer,
am schwächsten
die **Schwal|be**,
die Schwalben
der **Schwamm**,
die Schwämme
der **Schwan**,
die Schwäne

schwan|ger
die **Schwan|ger-schaft**,
die Schwangerschaften
der **Schwanz**,
die Schwänze
schwarz
schwe|ben,
sie schwebt,
sie schwebte,
sie ist geschwebt

schwarz / Schwarz

Kleinschreibung
die Hose ist schwarz
die schwarze Hose
schwarz gestreift
schwarzhaarig
schwarz auf weiß

Großschreibung
das Schwarz der Kohle
ins Schwarze treffen

Schw bis Se

die **Schweb|flie|ge**,
   die Schwebfliegen
Schwe|den
schwei|gen,
   er schweigt,
   er schwieg,
   er hat geschwiegen
das **Schwein**,
   die Schweine
der **Schweiß**
Schweiz
die **Schwel|le**,
   die Schwellen
   schwer, schwerer,
   am schwersten
   Schwe|rin (Landeshauptstadt von Mecklenburg-Vorpommern)
das **Schwert**,
   die Schwerter
der **Schwert|wal**,
   die Schwertwale
die **Schwes|ter**,
   die Schwestern
   schwie|rig,
   schwieriger,
   am schwierigsten

schwim|men,
   er schwimmt,
   er schwamm,
   er ist geschwommen
schwit|zen,
   sie schwitzt,
   sie schwitzte,
   sie hat geschwitzt
schwö|ren,
   er schwört,
   er schwor,
   er hat geschworen
sechs (S. 172)
sech|zehn
sech|zig
der **See** (großer Teich),
   die Seen
die **See** (Meer)
der **See-Ele|fant**,
   die See-Elefanten
der **See|hund**,
   die Seehunde
der **See|le|o|pard**,
   die Seeleoparden
das **Se|gel**, die Segel
   se|geln, er segelt,
   er segelte,
   er ist gesegelt

Se

das **Se|gel|schiff**,
die Segelschiffe
se|hen, sie sieht,
sie sah,
sie hat gesehen
die **Se|hens|wür|dig-keit**, die Sehenswürdigkeiten

die **Seh|ne**,
die Sehnen
sehr
ihr **seid**
die **Sei|fe**,
die Seifen
die **Sei|fen|bla|se**,
die Seifenblasen
das **Seil**, die Seile
sein, er ist, er war,
er ist gewesen
sein, seine
seit
seit|dem
die **Sei|te**,
die Seiten
die **Se|kre|tä|rin** (auch: Sek|re|tä|rin),
die Sekretärinnen
die **Se|kun|de**,
die Sekunden
sel|ber
selbst
der **Selbst|laut**,
die Selbstlaute
selbst|stän|dig
sel|ten, seltener,
am seltensten

sechs / Sechs

Kleinschreibung
sechs Jahre alt
es ist halb sechs
sechs mal vier

der sechsjährige Junge
der 6-jährige Junge
sechsmal
6-mal

Großschreibung
die Zahl Sechs
eine Sechs schreiben
eine Sechs im Zeugnis

Se bis Si

selt|sam,
seltsamer,
am seltsamsten
sen|den, er sendet,
er sendete
(auch: sandte),
er hat gesendet
(auch: gesandt)
die **Sen|dung**,
die Sendungen
der **Senf**
der **Sep|tem|ber**
die **Ser|vi|et|te**,
die Servietten
der **Ses|sel**,
die Sessel
sich **set|zen**,
sie setzt sich,
sie setzte sich,
sie hat sich gesetzt
sich
si|cher,
sicherer,
am sichersten
die **Sicht**
sicht|bar
sie
das **Sieb**, die Siebe

sie|ben, sie siebt,
sie siebte,
sie hat gesiebt
sie|ben 💡
der **Sie|ben|schlä|fer**,
die Siebenschläfer
sieb|zig
sie|gen, er siegt,
er siegte,
er hat gesiegt

sieben / Sieben

Kleinschreibung
sieben Jahre alt
es ist halb sieben
sieben mal vier

der siebenjährige
Junge
der 7-jährige Junge
siebenmal
7-mal

Großschreibung
die Zahl Sieben

Si bis So

der **Sie|ger**,
die Sieger
die **Sie|ge|rin**,
die Siegerinnen
das **Sig|nal** (auch:
Si|gnal),
die Signale
die **Sil|be**,
die Silben
das **Sil|ber**
sil|bern
Sil|ves|ter
(31. Dezember)
sie **sind**
sin|gen, er singt,
er sang,
er hat gesungen
der **Sin|gu|lar** (Einzahl)
sin|ken, es sinkt,
es sank,
es ist gesunken
der **Sinn**, die Sinne
der **Si|rup**
die **Si|tu|a|ti|on**,
die Situationen
sit|zen, sie sitzt,
sie saß,
sie hat gesessen

die **Ska|la** (Maßeinteilung), die Skalen
das **Skate|board**,
die Skateboards
das **Ske|lett**,
die Skelette
der **Sla|lom**
Slo|wa|kei
Slo|we|ni|en
die **SMS** (kurze Nachricht beim Handy)
so
die **So|cke**,
die Socken
so|dass
das **So|fa**, die Sofas
so|fort
so|gar
so ge|nannt
die **Soh|le**,
die Sohlen
der **Sohn**,
die Söhne
die **So|lar|ener|gie**
(Sonnenenergie)
die **So|lar|zel|le**,
die Solarzellen
sol|che

So

    sol|len, er soll,
    er sollte,
    er hat gesollt
der **Som|mer**
    son|dern
der **Sonn|abend**, 💡
    die Sonnabende
die **Son|ne**
die **Son|nen|fins|ter|nis**
der **Son|nen|kol|lek|tor**
das **Son|nen|sys|tem**,
    die Sonnensysteme
    son|nig, sonniger,
    am sonnigsten

der **Sonn|tag**, 💡
    die Sonntage
    sonst
die **Sor|ge**,
    die Sorgen
sich **sor|gen**,
    sie sorgt sich,
    sie sorgte sich,
    sie hat sich gesorgt
die **Sor|te**,
    die Sorten
    sor|tie|ren,
    er sortiert,
    er sortierte,
    er hat sortiert

Sonnabend / sonnabends

Großschreibung
der Sonnabend
am Sonnabend
am Sonnabendmorgen

Kleinschreibung
sonnabends
sonnabendmorgen

Sonntag / sonntags

Großschreibung
der Sonntag
am Sonntag
am Sonntagmorgen

Kleinschreibung
sonntags
sonntagabends

So bis Sp

die **So|ße**, die Soßen
so viel
(so viel Spaß)
so|viel (soviel ich weiß)
die **Spa|get|ti**
die **Spal|te**,
die Spalten
spal|ten, er spaltet,
er spaltete,
er hat gespalten
die **Span|ge**,
die Spangen
Spa|ni|en
span|nen, es spannt,
es spannte,
es hat gespannt
span|nend,
spannender,
am spannendsten
die **Span|nung**,
die Spannungen
spa|ren, sie spart,
sie sparte,
sie hat gespart
der **Spar|gel**
die **Spar|kas|se**,
die Sparkassen

der **Spaß**,
die Späße
spät, später,
am spätesten
der **Spa|ten**,
die Spaten
der **Spatz**,
die Spatzen
spa|zie|ren,
er spaziert,
er spazierte,
er ist spaziert
der **Spa|zier|gang**,
die Spaziergänge
der **Specht**,
die Spechte
der **Speer**,
die Speere
die **Spei|che**,
die Speichen
der **Spei|cher**,
die Speicher
spen|den,
er spendet,
er spendete,
er hat gespendet
der **Spie|gel**,
die Spiegel

Sp

das **Spiel**,
 die Spiele
 spie|len, er spielt,
 er spielte,
 er hat gespielt
der **Spieß**,
 die Spieße
die **Spin|ne**,
 die Spinnen
die **Spinn|we|be**,
 die Spinnweben
der **Spi|on**,
 die Spione
 spitz, spitzer,
 am spitzesten
die **Spit|ze**,
 die Spitzen
der **Sport**
das **Sport|fest**,
 die Sportfeste
der **Sport|ler**,
 die Sportler
die **Sport|le|rin**,
 die Sportlerinnen
 sport|lich,
 sportlicher,
 am sportlichsten
der **Spott**

spot|ten, er spottet,
 er spottete,
 er hat gespottet
die **Spra|che**,
 die Sprachen
 spre|chen,
 sie spricht,
 sie sprach,
 sie hat gesprochen
 sprin|gen,
 er springt,
 er sprang,
 er ist gesprungen
der **Sprin|ger**,
 die Springer
die **Sprin|ge|rin**,
 die Springerinnen
der **Sprint**,
 die Sprints
die **Sprit|ze**,
 die Spritzen
 sprit|zen, es spritzt,
 es spritzte,
 es hat gespritzt
der **Spruch**,
 die Sprüche
der **Spru|del**,
 die Sprudel

177

Sp bis Sta

spru|deln,
es sprudelt,
es sprudelte,
es hat gesprudelt
sprü|hen, er sprüht,
er sprühte,
er hat gesprüht
der **Sprung,**
die Sprünge
spu|cken, sie spuckt,
sie spuckte,
sie hat gespuckt
der **Spuk**
spu|ken, es spukt,
es spukte,
es hat gespukt
die **Spü|le,**
die Spülen
spü|len, er spült,
er spülte,
er hat gespült
das **Spül|mit|tel,**
die Spülmittel
die **Spur,**
die Spuren
spü|ren, sie spürt,
sie spürte,
sie hat gespürt

spur|los
spur|ten, er spurtet,
er spurtete,
er ist gespurtet
der **Staat,**
die Staaten
der **Stab,** die Stäbe
der **Sta|chel,**
die Stacheln
stach|lig, stachliger,
am stachligsten
das **Sta|di|on,**
die Stadions
die **Stadt,** die Städte
die **Staf|fel,**
die Staffeln
der **Stall,** die Ställe
der **Stamm,**
die Stämme
stam|meln,
er stammelt,
er stammelte,
er hat gestammelt
stamp|fen,
sie stampft,
sie stampfte,
sie hat gestampft
der **Stand,** die Stände

Sta bis Ste

stän|dig
der Stän|gel,
die Stängel
der Sta|pel,
die Stapel
sta|peln, er stapelt,
er stapelte,
er hat gestapelt
stark, stärker,
am stärksten
starr, starrer,
am starrsten
die Star|re
der Start, die Starts
star|ten, sie startet,
sie startete,
sie ist gestartet
die Sta|ti|on,
die Stationen
statt
statt|des|sen
statt|fin|den,
es findet statt,
es fand statt,
es hat stattgefunden
der Staub
stau|big, staubiger,
am staubigsten

stau|nen,
er staunt,
er staunte,
er hat gestaunt
ste|chen, sie sticht,
sie stach,
sie hat gestochen
der Steck|brief,
die Steckbriefe
ste|cken, er steckt,
er steckte,
er hat gesteckt
ste|hen, sie steht,
sie stand,
sie hat gestanden
steh|len, er stiehlt,
er stahl,
er hat gestohlen
stei|gen,
sie steigt,
sie stieg,
sie ist gestiegen
steil, steiler,
am steilsten
der Stein, die Steine
die Stein|zeit
die Stel|le,
die Stellen

Ste bis Sto

     stel|len, er stellt,
     er stellte,
     er hat gestellt
der **Stem|pel**,
     die Stempel
     stem|peln,
     sie stempelt,
     sie stempelte,
     sie hat gestempelt
     ster|ben, er stirbt,
     er starb,
     er ist gestorben
der **Stern**, die Sterne
     stets
das **Steu|er** (im Auto),
     die Steuer
die **Steu|er** (Geld),
     die Steuern
     steu|ern,
     er steuert,
     er steuerte,
     er hat gesteuert
der **Stich**,
     die Stiche
der **Stich|punkt**,
     die Stichpunkte
das **Stich|wort**,
     die Stichwörter

     sti|cken, sie stickt,
     sie stickte,
     sie hat gestickt
der **Stie|fel**,
     die Stiefel
die **Stief|mut|ter**,
     die Stiefmütter
der **Stief|va|ter**,
     die Stiefväter
der **Stiel**, die Stiele
der **Stier**, die Stiere
der **Stift**, die Stifte
     still, stiller,
     am stillsten
die **Stim|me**,
     die Stimmen
     stim|men, es stimmt,
     es stimmte,
     es hat gestimmt
die **Stim|mung**,
     die Stimmungen
der **Stock**,
     die Stöcke
     stock|dun|kel
der **Stoff**, die Stoffe
     stöh|nen, sie stöhnt,
     sie stöhnte,
     sie hat gestöhnt

stol|pern, er stolpert,
er stolperte,
er ist gestolpert
stolz, stolzer,
am stolzesten
stop|fen, sie stopft,
sie stopfte,
sie hat gestopft
stop|pen, er stoppt,
er stoppte,
er hat gestoppt
die **Stopp|uhr**,
die Stoppuhren
der **Storch**,
die Störche
der **Storch|schna|bel**
(Pflanze)
stö|ren, es stört,
es störte,
es hat gestört
sto|ßen, er stößt,
er stieß,
er hat gestoßen
stot|tern, sie stottert,
sie stotterte,
sie hat gestottert
die **Stra|fe**,
die Strafen
stra|fen, er straft,
er strafte,
er hat gestraft
der **Strahl**,
die Strahlen
strah|len, sie strahlt,
sie strahlte,
sie hat gestrahlt
stram|peln,
er strampelt,
er strampelte,
er hat gestrampelt
der **Strand**,
die Strände
die **Stra|ße**,
die Straßen
der **Strauch**,
die Sträucher
der **Strauß** (Blumenstrauß), die Sträuße
der **Strauß** (Vogel),
die Strauße
die **Stre|cke**,
die Strecken
sich **stre|cken**,
sie streckt sich,
sie streckte sich,
sie hat sich gestreckt

Str bis Stu

der **Streich**,
die Streiche
strei|chen,
er streicht, er strich,
er hat gestrichen
das **Streich|holz**,
die Streichhölzer
der **Strei|fen**,
die Streifen
der **Streit**
sich **strei|ten**,
er streitet sich,
er stritt sich,
er hat sich gestritten
die **Strei|te|rei**,
die Streitereien
streng, strenger,
am strengsten
streu|en, er streut,
er streute,
er hat gestreut
streu|nen,
sie streunt,
sie streunte,
sie ist gestreunt
der **Strich**,
die Striche
der **Strick**, die Stricke

stri|cken, er strickt,
er strickte,
er hat gestrickt
das **Stroh**
der **Strom** (Elektrizität)
der **Strom** (Wasser),
die Ströme
strö|men, es strömt,
es strömte,
es ist geströmt
die **Stro|phe**,
die Strophen
der **Strumpf**,
die Strümpfe
die **Stu|be**,
die Stuben
die **Stu|ben|flie|ge**,
die Stubenfliegen
das **Stück**,
die Stücke
stu|die|ren,
sie studiert,
sie studierte,
sie hat studiert
das **Stu|di|um**
der **Stuhl**, die Stühle
der **Stum|mel**,
die Stummel

Stu bis Su

stumpf, stumpfer,
am stumpfsten
die **Stun|de**,
die Stunden
der **Stups**
stup|sen, er stupst,
er stupste,
er hat gestupst
stur, sturer,
am stursten
der **Sturm**, die Stürme
stür|men, es stürmt,
es stürmte,
es hat gestürmt
stür|misch,
stürmischer,
am stürmischsten
stür|zen, er stürzt,
er stürzte,
er ist gestürzt
Stutt|gart (Landeshauptstadt von
Baden-Württemberg)
die **Stüt|ze**,
die Stützen
stüt|zen, sie stützt,
sie stütze,
sie hat gestützt

das **Sty|ro|por**
das **Sub|jekt** (Satzgegenstand),
die Subjekte
das **Sub|stan|tiv**
(Namenwort),
die Substantive
su|chen, sie sucht,
sie suchte,
sie hat gesucht
der **Sü|den**
süd|lich
der **Süd|pol**
sum|men, er summt,
er summte,
er hat gesummt
der **Sumpf**,
die Sümpfe
su|per
die **Sup|pe**,
die Suppen
das **Surf|brett**,
die Surfbretter
sur|fen, sie surft,
sie surfte,
sie ist gesurft
süß, süßer,
am süßesten

Su bis Ta

die **Sü|ßig|keit**,
die Süßigkeiten
das **Sym|bol** (Zeichen),
die Symbole
das **Sys|tem**,
die Systeme
die **Sze|ne**,
die Szenen

Tt

die **Ta|bel|le**,
die Tabellen
die **Ta|fel**,
die Tafeln
der **Tag**, die Tage 💡
das **Ta|ge|buch**,
die Tagebücher
täg|lich
das **Tal**,
die Täler

Tag / tags

Großschreibung
am Tage
am heutigen Tag
eines Tages
Guten Tag!

Kleinschreibung
tags darauf
tagsüber
tagaus, tagein
tagelang
täglich

Ta

der **Ta|ler** (Münzen),
die Taler
der **Tank**,
die Tanks
tan|ken, sie tankt,
sie tankte,
sie hat getankt
die **Tan|ne**,
die Tannen
der **Tan|nen|baum**,
die Tannenbäume
die **Tan|te**,
die Tanten
der **Tanz**,
die Tänze
tan|zen, er tanzt,
er tanzte,
er hat getanzt
tap|fer, tapferer,
am tapfersten
die **Ta|sche**,
die Taschen
die **Tas|se**,
die Tassen
die **Tas|ta|tur**,
die Tastaturen
die **Tat**,
die Taten

tat|säch|lich
die **Tat|ze**,
die Tatzen
die **Tau|be**,
die Tauben
tau|chen,
sie taucht,
sie tauchte,
sie ist getaucht
der **Tau|cher**,
die Taucher
die **Tau|che|rin**,
die Taucherinnen
die **Tau|fe**,
die Taufen
tau|gen, es taugt,
es taugte,
es hat getaugt
der **Tausch**
tau|schen,
er tauscht,
er tauschte,
er hat getauscht
sich **täu|schen**,
sie täuscht sich,
sie täuschte sich,
sie hat sich
getäuscht

Ta bis Te

tau|send 💡
der **Tau|send|füß|ler**,
die Tausendfüßler
das **Ta|xi**, die Taxis
die **Tech|nik**
der **Ted|dy**,
die Teddys
der **Tee**, die Tees
der **Teer**

tausend / Tausend

Kleinschreibung
bis tausend zählen
vor tausend Jahren
tausend Ameisen
tausendfach

tausendjährig
1000-jährig
tausendmal
1000-mal

Großschreibung
die Zahl Tausend

der **Teich**,
die Teiche
der **Teig**, die Teige
das **Teil** (Ersatzteil),
die Teile
der **Teil** (der größte Teil),
die Teile
tei|len, er teilt,
er teilte,
er hat geteilt
teil|neh|men,
sie nimmt teil,
sie nahm teil,
sie hat teilgenommen
das **Te|le|fon**,
die Telefone
te|le|fo|nie|ren,
er telefoniert,
er telefonierte,
er hat telefoniert
der **Tel|ler**,
die Teller
der **Tem|pel**,
die Tempel
die **Tem|pe|ra|tur**,
die Temperaturen
der **Tep|pich**,
die Teppiche

Te bis To

der **Ter|min**,
die Termine

die **Ter|mi|te** (Insekt),
die Termiten

teu|er, teurer,
am teuersten

der **Text**,
die Texte

das **The|a|ter**,
die Theater

das **The|ma**,
die Themen

das **Ther|mo|me|ter**,
die Thermometer

der **Thron**,
die Throne

Thü|rin|gen

tief, tiefer,
am tiefsten

die **Tie|fe**

das **Tier**, die Tiere

das **Tier|buch**,
die Tierbücher

der **Ti|ger**,
die Tiger

die **Tin|te**

der **Tin|ten|fisch**,
die Tintenfische

das **Ti|pi** (Indianerzelt),
die Tipis

der **Tipp**, die Tipps

tip|pen, sie tippt,
sie tippte,
sie hat getippt

der **Tisch**,
die Tische

der **Ti|tel**, die Titel

to|ben, er tobt,
er tobte,
er hat getobt

die **Toch|ter**,
die Töchter

der **Tod**

tod|krank

töd|lich

die **To|i|let|te**,
die Toiletten

toll, toller,
am tollsten

toll|kühn, tollkühner,
am tollkühnsten

die **To|ma|te**,
die Tomaten

der **Ton**, die Töne

die **Ton|ne**,
die Tonnen

To bis Tr

der **Topf**,
die Töpfe
das **Tor**,
die Tore
die **Tor|te**,
die Torten
tot
der **Tra|bant**,
die Trabanten
tra|gen, sie trägt,
sie trug,
sie hat getragen
trai|nie|ren,
er trainiert,
er trainierte,
er hat trainiert
das **Trai|ning**,
die Trainings
der **Trak|tor**,
die Traktoren
tram|peln,
sie trampelt,
sie trampelte,
sie hat getrampelt
die **Trä|ne**,
die Tränen
der **Trans|port**,
die Transporte

trans|por|tie|ren,
er transportiert,
er transportierte,
er hat transportiert
die **Trau|be**,
die Trauben
sich **trau|en**,
sie traut sich,
sie traute sich,
sie hat sich getraut
der **Traum**,
die Träume
träu|men,
sie träumt,
sie träumte,
sie hat geträumt
trau|rig, trauriger,
am traurigsten
tref|fen, er trifft,
er traf,
er hat getroffen
tren|nen, sie trennt,
sie trennte,
sie hat getrennt
die **Tren|nung**,
die Trennungen
die **Trep|pe**,
die Treppen

Tr bis Tu

das **Tret|boot**,
die Tretboote
tre|ten, er tritt,
er trat,
er hat getreten
treu, treuer,
am treuesten
der **Trick**, die Tricks
trin|ken, sie trinkt,
sie trank,
sie hat getrunken
tro|cken,
trockener,
am trockensten
trock|nen,
es trocknet,
es trocknete,
es ist getrocknet
der **Trö|del**
der **Trö|del|markt**,
die Trödelmärkte
trö|deln, er trödelt,
er trödelte,
er hat getrödelt
die **Trom|pe|te**,
die Trompeten
die **Tro|pen** (heiße Klimazone am Äquator)
der **Trop|fen**,
die Tropfen
trop|fen, es tropft,
es tropfte,
es hat getropft
tro|pisch
trotz
trotz|dem
trüb, trüber,
am trübsten
Tsche|chi|sche Re|pu|blik (auch: Re|pub|lik)
das **T-Shirt**,
die T-Shirts
das **Tuch**, die Tücher
tüch|tig, tüchtiger,
am tüchtigsten
die **Tul|pe**,
die Tulpen
tun, er tut, er tat,
er hat getan
die **Tür**, die Türen
Tür|kei
der **Turm**, die Türme
tur|nen, sie turnt,
sie turnte,
sie hat geturnt

Tu bis Uh

die **Turn|hal|le**,
die Turnhallen
das **Tur|nier**,
die Turniere
der **Turn|schuh**,
die Turnschuhe
die **Tü|te**,
die Tüten
der **Typ**,
die Typen

Uu

üben, sie übt,
sie übte,
sie hat geübt
über
über|all
über|haupt
über|prü|fen,
er überprüft,
er überprüfte,
er hat überprüft
über|ra|schen,
sie überrascht,
sie überraschte,
sie hat überrascht
die **Über|raschung**,
die Überraschungen
die **Über|schrift**,
die Überschriften
über|wie|gend
üb|rig
üb|ri|gens
die **Übung**,
die Übungen
das **Ufer**, die Ufer
die **Uhr**,
die Uhren

Uh bis Un

der **Uhu**,
die Uhus
Uk|ra|i|ne
um
um|her
der **Um|laut**,
die Umlaute
die **Um|run|dung**,
die Umrundungen
der **Um|schlag**,
die Umschläge
um|so (umso mehr)
die **Um|welt**
der **Um|welt|schutz**
un|be|hol|fen
un|be|kannt
un|be|stimmt
und
un|end|lich
der **Un|fall**,
die Unfälle
Un|garn
die **Un|ge|duld**
un|ge|dul|dig,
ungeduldiger,
am ungeduldigsten
un|ge|fähr
un|ge|hin|dert

un|ge|sund,
ungesünder,
am ungesündesten
das **Un|glück**,
die Unglücke
un|glück|lich,
unglücklicher,
am unglücklichsten
un|heim|lich,
unheimlicher,
am unheimlichsten
die **Uni|ver|si|tät**,
die Universitäten
uns
un|ser, unsere,
unserem, unseren
un|si|cher,
unsicherer,
am unsichersten
un|sicht|bar
un|ten
un|ter
sich **un|ter|hal|ten**,
er unterhält sich,
er unterhielt sich,
er hat sich unter-
halten
der **Un|ter|richt**

Un bis Us

un|ter|schei|den,
sie unterscheidet,
sie unterschied,
sie hat unterschieden

der **Un|ter|schied**,
die Unterschiede

un|ter|schied|lich,
unterschiedlicher,
am unterschiedlichsten

un|ter|schrei|ben,
sie unterschreibt,
sie unterschrieb,
sie hat unterschrieben

un|ter|su|chen,
er untersucht,
er untersuchte,
er hat untersucht

die **Un|ter|su|chung**,
die Untersuchungen

un|ter|wegs

un|vor|sich|tig,
unvorsichtiger,
am unvorsichtigsten

un|wahr

un|zäh|lig

die **Ur|groß|el|tern**

der **Ur|laub**,
die Urlaube

usw. (Abkürzung
für: und so weiter)

Va bis Verd

Vv

Va|len|tins|tag
(14. Februar)
der **Vam|pir**,
die Vampire
die **Va|nil|le**
die **Va|se**, die Vasen
der **Va|ter**, die Väter
der **Va|ti|kan** (Wohnsitz
des Papstes in Rom)
Va|ti|kan|stadt
das **Veil|chen**,
die Veilchen
ver|än|dern,
sie verändert,
sie veränderte,
sie hat verändert
ver|an|stal|ten,
er veranstaltet,
er veranstaltete,
er hat veranstaltet
das **Verb** (Tuwort),
die Verben
ver|bes|sern,
sie verbessert,
sie verbesserte,
sie hat verbessert
die **Ver|bes|se|rung**,
die Verbesserungen
ver|bie|ten,
er verbietet,
er verbot,
er hat verboten
das **Ver|bot**,
die Verbote
ver|bo|ten
der **Ver|brauch**
der **Ver|bre|cher**,
die Verbrecher
ver|bren|nen,
es verbrennt,
es verbrannte,
es ist verbrannt
der **Ver|dacht**
ver|die|nen,
er verdient,
er verdiente,
er hat verdient
ver|dun|keln,
sie verdunkelt,
sie verdunkelte,
sie hat verdunkelt
ver|dutzt

Verf bis Verl

sich **ver|fär|ben**,
es verfärbt sich,
es verfärbte sich,
es hat sich verfärbt
die **Ver|fol|gung**,
die Verfolgungen
die **Ver|gan|gen|heit**
ver|ges|sen,
sie vergisst,
sie vergaß,
sie hat vergessen
ver|glei|chen,
er vergleicht,
er verglich,
er hat verglichen
ver|gnügt,
vergnügter,
am vergnügtesten
das **Ver|hör**,
die Verhöre
der **Ver|kauf**,
die Verkäufe
ver|kau|fen,
sie verkauft,
sie verkaufte,
sie hat verkauft
der **Ver|käu|fer**,
die Verkäufer

die **Ver|käu|fe|rin**,
die Verkäuferinnen
der **Ver|kehr**
das **Ver|kehrs|mit|tel**,
die Verkehrsmittel
ver|kehrs|si|cher
das **Ver|kehrs|zei|chen**,
die Verkehrszeichen
sich **ver|klei|den**,
er verkleidet sich,
er verkleidete sich,
er hat sich verkleidet
sich **ver|let|zen**,
sie verletzt sich,
sie verletzte sich,
sie hat sich verletzt
die **Ver|let|zung**,
die Verletzungen
sich **ver|lie|ben**,
sie verliebt sich,
sie verliebte sich,
sie hat sich verliebt
ver|lie|ren,
er verliert,
er verlor,
er hat verloren
das **Ver|lies**,
die Verliese

Verl bis Vers

der **Ver|lust**,
die Verluste
der **Ver|miss|te**,
die Vermissten
ver|mu|ten,
sie vermutet,
sie vermutete,
sie hat vermutet
ver|pa|cken,
er verpackt,
er verpackte,
er hat verpackt
die **Ver|pa|ckung**,
die Verpackungen
der **Ver|rat**
ver|ra|ten, sie verrät,
sie verriet,
sie hat verraten
der **Ver|rä|ter**,
die Verräter
die **Ver|rä|te|rin**,
die Verräterinnen
ver|rückt, verrückter,
am verrücktesten
ver|rüh|ren,
er verrührt,
er verrührte,
er hat verrührt

sich **ver|sam|meln**,
sie versammeln sich,
sie versammelten
sich, sie haben
sich versammelt
die **Ver|samm|lung**,
die Versammlungen
ver|säu|men,
er versäumt,
er versäumte,
er hat versäumt
ver|schie|den
ver|schlin|gen,
sie verschlingt,
sie verschlang,
sie hat verschlungen
ver|schneit,
verschneiter,
am verschneitesten
ver|schwin|den,
er verschwindet,
er verschwand,
er ist verschwunden
ver|sen|ken,
sie versenkt,
sie versenkte,
sie hat versenkt
der **Ver|stand**

Vers bis Verw

ver|länd|lich,
verständlicher,
am verständlichsten
das **Ver|ständ|nis**
das **Ver|steck**,
die Verstecke
ver|ste|cken,
er versteckt,
er versteckte,
er hat versteckt
ver|ste|hen,
sie versteht,
sie verstand,
sie hat verstanden
ver|su|chen,
er versucht,
er versuchte,
er hat versucht
ver|tei|di|gen,
sie verteidigt,
sie verteidigte,
sie hat verteidigt
der **Ver|trag**,
die Verträge
sich **ver|tra|gen**,
er verträgt sich,
er vertrug sich,
er hat sich vertragen

das **Ver|trau|en**
ver|trau|en,
sie vertraut,
sie vertraute,
sie hat vertraut
ver|traut, vertrauter,
am vertrautesten
die **Ver|un|rei|ni|gung**,
die Verunreinigungen
die **Ver|wal|tung**,
die Verwaltungen
ver|wan|deln,
er verwandelt,
er verwandelte,
er hat verwandelt
ver|wandt
der **Ver|wand|te**,
die Verwandten
die **Ver|wand|te**,
die Verwandten
ver|wech|seln,
er verwechselt,
er verwechselte,
er hat verwechselt
ver|wen|den,
sie verwendet,
sie verwendete,
sie hat verwendet

Verw bis Von

ver|wun|dert
das **Ver|zeich|nis**,
die Verzeichnisse
ver|zei|hen,
er verzeiht,
er verzieh,
er hat verziehen
ver|zie|ren,
sie verziert,
sie verzierte,
sie hat verziert
das **Vi|deo**, die Videos
das **Vieh**
viel, viele
der **Viel|fraß**
viel|leicht
vier
vier|zehn
vier|zig
die **Vil|la**, die Villen
das (der) **Vi|rus**, die Viren
das **Vi|ta|min** (auch: Vit|a|min),
die Vitamine
die **Vi|tri|ne** (auch: Vit|ri|ne),
die Vitrinen
der **Vo|gel**, die Vögel

der **Vo|kal** (Selbstlaut),
die Vokale
das **Volk**,
die Völker
voll, voller,
am vollsten
voll|stän|dig
vom
von

vier / Vier

Kleinschreibung

vier Jahre alt
es ist halb vier
vier mal fünf

der vierjährige Junge
der 4-jährige Junge
viermal
4-mal

Großschreibung

die Zahl Vier
eine Vier schreiben
eine Vier im Zeugnis
ein Viertel

Von bis Vor

von|ein|an|der
(auch: von|ei|nan|der)
vor
vor|an (auch: vo|ran)
vor|aus (auch: vo|raus)
im Vor|aus (auch: Vo|raus)
vor|bei
vor|be|rei|ten,
sie bereitet vor,
sie bereitete vor,
sie hat vorbereitet
das Vor|der|rad,
die Vorderräder
die Vor|fahrt
vor|füh|ren,
er führt vor,
er führte vor,
er hat vorgeführt
der Vor|gän|ger,
die Vorgänger
die Vor|gän|ge|rin,
die Vorgängerinnen
der Vor|hang,
die Vorhänge
vor|her

vo|ri|ge
der Vor|mit|tag, 💡
die Vormittage
vor|mit|tags 💡
vorn, vorne
vor|le|sen,
sie liest vor,
sie las vor,
sie hat vorgelesen
der Vor|rat,
die Vorräte
der Vor|schlag,
die Vorschläge

Vormittag / vormittags

Großschreibung
am Vormittag
ein Vormittag
heute Vormittag
der Dienstagvormittag

Kleinschreibung
vormittags
dienstagvormittags

Vor bis Wa

vor|schla|gen,
er schlägt vor,
er schlug vor,
er hat vorgeschlagen
die **Vor|sicht**
vor|sich|tig,
vorsichtiger,
am vorsichtigsten
vor|stel|len,
er stellt vor,
er stellte vor,
er hat vorgestellt
die **Vor|stel|lung**,
die Vorstellungen
der **Vor|trag**,
die Vorträge
vor|über (auch: vo|rü|ber)
der **Vul|kan**,
die Vulkane

Ww

die **Waa|ge**,
die Waagen
wach, wacher,
am wachesten
wa|chen, sie wacht,
sie wachte,
sie hat gewacht
wach|sen,
es wächst,
es wuchs,
es ist gewachsen
wa|ckeln,
es wackelt,
es wackelte,
es hat gewackelt
die **Waf|fe**,
die Waffen
die **Waf|fel**,
die Waffeln
der **Wa|gen**,
die Wagen
die **Wahl**,
die Wahlen
wäh|len, er wählt,
er wählte,
er hat gewählt

Wa

    wahr
    wäh|rend
die **Wahr|heit**
    wahr|schein|lich,
    wahrscheinlicher,
    am wahrschein-
    lichsten
der **Wal**, die Wale
der **Wald**, die Wälder
der **Wald|kauz**,
    die Waldkäuze
der **Walk|man**,
    die Walkmans
    (auch: die Walkmen)
die **Wal|nuss**,
    die Walnüsse
die **Wand**,
    die Wände
    wan|dern,
    er wandert,
    er wanderte,
    er ist gewandert
    wan|ken, sie wankt,
    sie wankte,
    sie hat gewankt
    wann
die **Wan|ne**,
    die Wannen

sie **war**
die **Wa|re**,
    die Waren
sie **wä|re**
    warm, wärmer,
    am wärmsten
die **Wär|me**
    wär|men,
    es wärmt,
    es wärmte,
    es hat gewärmt
ihr **wart**
    war|ten, er wartet,
    er wartete,
    er hat gewartet
    war|um (auch:
    wa|rum)
    was
die **Wä|sche**,
    die Wäschen
    wa|schen,
    sie wäscht,
    sie wusch,
    sie hat gewaschen
das **Was|ser**,
    die Wasser
die **Was|ser|waa|ge**,
    die Wasserwaagen

Wa bis We

das **Was|ser|werk**,
die Wasserwerke
wäss|rig, wässriger,
am wässrigsten
wat|scheln,
er watschelt,
er watschelte,
er ist gewatschelt
das **Watt** (Teil der Nordsee), die Watten
die **Wat|te**
we|ben, sie webt,
sie webte,
sie hat gewebt
der **We|ber|knecht**,
die Weberknechte
der **Wech|sel**,
die Wechsel
wech|seln,
er wechselt,
er wechselte,
er hat gewechselt
we|cken,
sie weckt,
sie weckte,
sie hat geweckt
der **We|cker**,
die Wecker
we|der
weg
der **Weg**, die Wege
we|gen
weh
we|hen, es weht,
es wehte,
es hat geweht
sich **weh|ren**,
sie wehrt sich,
sie wehrte sich,
sie hat sich gewehrt
weib|lich
weich, weicher,
am weichsten
die **Wei|de**,
die Weiden
Weih|nach|ten
das **Weih|nachts|fest**,
die Weihnachtsfeste
die **Weih|nachts|zeit**
weil
die **Wei|le**
der **Wein**, die Weine
wei|nen, er weint,
er weinte,
er hat geweint

We

wei|se, weiser,
am weisesten
die Weis|heit
weiß 💡
Weiß|russ|land
weit, weiter,
am weitesten
wei|ter|rei|chen,
sie reicht weiter,
sie reichte weiter,
sie hat weitergereicht
der Wei|zen (Getreide)

weiß / Weiß

Kleinschreibung
mein Hemd ist weiß
mein weißes Hemd
weiß gestreift
schwarz auf weiß
weißhaarig
schneeweiß

Großschreibung
das Weiß des
Schnees
ganz in Weiß

wel|che
die Wel|le, die Wellen
die Welt
das Welt|all
welt|be|rühmt
der Welt|raum
wem
wen
wen|den, er wendet,
er wendete,
er hat gewendet
we|nig, weniger,
am wenigsten
we|nigs|tens
wenn
wer
die Wer|bung,
die Werbungen
wer|den, es wird,
es wurde,
es ist geworden
wer|fen, er wirft,
er warf,
er hat geworfen
das Werk,
die Werke
das Werk|zeug,
die Werkzeuge

We bis Wi

Wer|ra (Fluss)
der **Wert**, die Werte
wert|voll, wertvoller,
am wertvollsten
We|ser (Fluss)
wes|halb
die **Wes|pe**,
die Wespen
wes|sen
der **Wes|ten**
west|lich
die **Wet|te**,
die Wetten
wet|ten,
sie wettet,
sie wettete,
sie hat gewettet
das **Wet|ter**
der **Wet|ter|be|richt**,
die Wetterberichte
wet|zen, er wetzt,
er wetzte,
er hat gewetzt
der **Wich|tel**,
die Wichtel
wich|tig, wichtiger,
am wichtigsten
wi|der (gegen) 💡

wi|der|lich,
widerlicher,
am widerlichsten
wi|der|spre|chen,
sie widerspricht,
sie widersprach,
sie hat widersprochen
der **Wi|der|stand**,
die Widerstände
wie
wie|der 💡

wider

widerlich
widersprechen
widerstehen
der Widerstand

wieder

immer wieder
nie wieder
ich komme wieder
das Wiedersehen
Auf Wiedersehen!

Wi

wie|der|ho|len,
er wiederholt,
er wiederholte,
er hat wiederholt
wie|gen, es wiegt,
es wog,
es hat gewogen
Wies|ba|den
(Landeshauptstadt
von Hessen)
die **Wie|se**,
die Wiesen
das **Wie|sel**, die Wiesel
der **Wie|sen|ker|bel**
(Pflanze)
das **Wie|sen|schaum-
kraut** (Pflanze)
wild, wilder,
am wildesten
die **Wild|nis**
das **Wild|schwein**,
die Wildschweine
der **Wind**, die Winde
win|dig, windiger,
am windigsten
die **Wind|ro|se**
die **Wind|␣stär|ke**,
die Windstärken

win|ken, sie winkt,
sie winkte,
sie hat gewunken
der **Win|ter**
wir
wir|beln,
er wirbelt,
er wirbelte,
er ist gewirbelt
wir|ken, es wirkt,
es wirkte,
es hat gewirkt
wirk|lich
die **Wirk|lich|keit**
die **Wir|kung**,
die Wirkungen
wi|schen,
er wischt,
er wischte,
er hat gewischt
wis|sen, sie weiß,
sie wusste,
sie hat gewusst
der **Wis|sen|schaft|ler**,
die Wissenschaftler
die **Wis|sen|schaft|le-
rin**, die Wissen-
schaftlerinnen

Wi bis Wu

wit|tern, er wittert,
er witterte,
er hat gewittert
der **Witz**, die Witze
wit|zig, witziger,
am witzigsten
wo
die **Wo|che**,
die Wochen
das **Wo|chen|en|de**,
die Wochenenden
der **Wo|chen|tag**,
die Wochentage
wohl
woh|nen, er wohnt,
er wohnte,
er hat gewohnt
die **Woh|nung**,
die Wohnungen
der **Wolf**, die Wölfe
die **Wol|ke**,
die Wolken
die **Wol|le**
wol|len, sie will,
sie wollte,
sie hat gewollt
das **Wort**,
die Wörter

das **Wör|ter|buch**,
die Wörterbücher
die **Wör|ter|lis|te**,
die Wörterlisten
die **Wun|de**,
die Wunden
wun|der|bar,
wunderbarer,
am wunderbarsten
der **Wunsch**,
die Wünsche
wün|schen,
er wünscht,
er wünschte,
er hat gewünscht
der **Wurf**, die Würfe
der **Wür|fel**,
die Würfel
wür|feln,
sie würfelt,
sie würfelte,
sie hat gewürfelt
der **Wurm**,
die Würmer
die **Wurst**,
die Würste
die **Wur|zel**,
die Wurzeln

Wu bis X

die **Wur|zel|knol|le**,
die Wurzelknolle
die **Wüs|te**,
die Wüsten
die **Wut**
wü|tend,
wütender,
am wütendsten

Xx

die **X-Bei|ne**
x-bei|nig
(auch:
X-bei|nig)
das **Xy|lo|fon**,
die Xylofone

Yy

das **Yak**
(Rinderart),
die Yaks
das **Yp|si|lon**

Zz

der **Za|cken**,
die Zacken
za|ckig, zackiger,
am zackigsten
zäh, zäher,
am zähsten
die **Zahl**, die Zahlen
zah|len, sie zahlt,
sie zahlte,
sie hat gezahlt
zäh|len, er zählt,
er zählte,
er hat gezählt
zahl|reich
zahm, zahmer,
am zahmsten
der **Zahn**, die Zähne
der **Zahn|sto|cher**,
die Zahnstocher
die **Zan|ge**,
die Zangen
sich **zan|ken**,
er zankt sich,
er zankte sich,
er hat sich gezankt
der **Zap|fen**, die Zapfen

Za bis Ze

der **Zau|be|rer**,
die Zauberer
die **Zau|be|rin**,
die Zauberinnen
zau|bern,
sie zaubert,
sie zauberte,
sie hat gezaubert
der **Zaun**, die Zäune
der **Zaun|kö|nig**,
die Zaunkönige
z. B. (Abkürzung für: zum Beispiel)
das **Ze|bra** (auch: Zeb|ra)
die Zebras
zehn
das **Zei|chen**,
die Zeichen
zeich|nen,
er zeichnet,
er zeichnete,
er hat gezeichnet
zei|gen, sie zeigt,
sie zeigte,
sie hat gezeigt
der **Zei|ger**,
die Zeiger
die **Zeit**, die Zeiten
die **Zeit|schrift**,
die Zeitschriften
die **Zei|tung**,
die Zeitungen
das **Zelt**, die Zelte
zel|ten, er zeltet,
er zeltete,
er hat gezeltet
der **Zen|ti|me|ter** [cm]
zen|tral (auch: zent|ral)

zehn / Zehn

Kleinschreibung
zehn Jahre alt
es ist halb zehn
zehn mal vier

der zehnjährige Junge
der 10-jährige Junge
zehnmal
10-mal

Großschreibung
die Zahl Zehn

Ze bis Zo

die **Zen|tra|le** (auch:
Zent|ra|le),
die Zentralen
zer|bre|chen,
sie zerbricht,
sie zerbrach,
sie hat zerbrochen
zer|krü|meln,
er zerkrümelt,
er zerkrümelte,
er hat zerkrümelt
zer|rei|ben,
sie zerreibt,
sie zerrieb,
sie hat zerrieben
zer|rei|ßen,
er zerreißt,
er zerriss,
er hat zerrissen
zer|tre|ten,
sie zertritt,
sie zertrat,
sie hat zertreten
der **Zet|tel**,
die Zettel
das **Zeug|nis**,
die Zeugnisse
die **Zie|ge**, die Ziegen
zie|hen, er zieht,
er zog,
er hat gezogen
das **Ziel**, die Ziele
ziem|lich
zier|lich, zierlicher,
am zierlichsten
das **Zim|mer**,
die Zimmer
der **Zir|kel**, die Zirkel
der **Zir|kus**, die Zirkusse
zi|schen, es zischt,
es zischte,
es hat gezischt
die **Zi|tro|ne** (auch:
Zit|ro|ne),
die Zitronen
der **Zi|tro|nen|fal|ter**
(auch: Zit|ro|nen-
falter),
die Zitronenfalter
zit|tern, sie zittert,
sie zitterte,
sie hat gezittert
der **Zoo**, die Zoos
die **Zoo|hand|lung**,
die Zoohandlungen
der **Zopf**, die Zöpfe

Zo bis Zw

zor|nig, zorniger,
am zornigsten
zu
die **Zucht**
züch|ten, er züchtet,
er züchtete,
er hat gezüchtet
der **Zu|cker**
zu|ein|an|der (auch:
zu|ei|nan|der)
zu En|de
zu|erst
zu|frie|den
der **Zug**, die Züge
zu Hau|se
die **Zu|kunft**
zu|letzt
zum
die **Zun|ge**,
die Zungen
zün|geln, es züngelt,
es züngelte,
es hat gezüngelt
der **Zun|gen|bre|cher**,
die Zungenbrecher
zup|fen, er zupft,
er zupfte,
er hat gezupft

zur
zu|rück
der **Zu|ruf**, die Zurufe
zu|sam|men
der **Zu|schau|er**,
die Zuschauer
die **Zu|schau|e|rin**,
die Zuschauerinnen
die **Zu|tat**, die Zutaten
der **Zwang**, die Zwänge
zwan|zig 💡

zwanzig/Zwanzig

Kleinschreibung
zwanzig Jahre alt
in zwanzig Minuten
zwanzig mal vier

der zwanzigjährige
Mann
der 20-jährige Mann
zwanzigmal
20-mal

Großschreibung
die Zahl Zwanzig

Zw bis Zy

zwar
der **Zweck**,
die Zwecke
zweck|los
zwei 💡
der **Zweig**,
die Zweige
der **Zwerg**,
die Zwerge

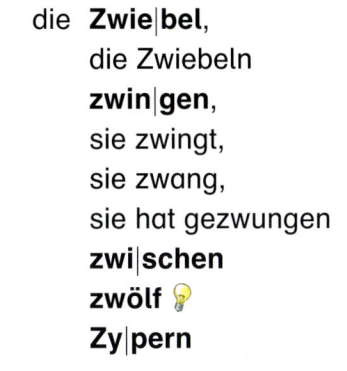

die **Zwie|bel**,
die Zwiebeln
zwin|gen,
sie zwingt,
sie zwang,
sie hat gezwungen
zwi|schen
zwölf 💡
Zy|pern

zwei / Zwei

Kleinschreibung
zwei Jahre alt
es ist halb zwei
zwei mal vier

der zweijährige Junge
der 2-jährige Junge
zweimal
2-mal

Großschreibung
die Zahl Zwei
eine Zwei schreiben
eine Zwei im Zeugnis

zwölf / Zwölf

Kleinschreibung
zwölf Jahre alt
es ist halb zwölf
zwölf mal vier

der zwölfjährige Junge
der 12-jährige Junge
zwölfmal
12-mal

Großschreibung
die Zahl Zwölf

Grundwortschatz 3 und 4 · Übungen

Querbeet durch das Alphabet

1. Welche Tiere sind beim Buchstaben **K** abgebildet?
2. Was liegt auf der **Waage**?
3. Wie viele Blätter hat das **Kleeblatt**?
4. Welche Tiere sind beim Buchstaben **F** abgebildet?
5. Wie lauten das erste und das letzte dick gedruckte Wort beim Buchstaben **R**?
6. Wofür steht die Abkürzung **usw.**?
7. Welches Bild findest du beim Buchstaben **Qu**?
8. Wie lauten das erste und das letzte dick gedruckte Wort beim Buchstaben **H**?

- Beantworte die Fragen durch Nachschlagen der dick gedruckten Wörter oder Buchstaben. Vermerke die Seitenzahlen und schreibe so:
  1. Kamel und … (Seiten … und …)

Gib Gas!

1. rasen	5. Tipp	9. dreißig	13. verboten
2. Geige	6. Kapuze	10. Windrose	14. hasten
3. spazieren	7. Plastiktüte	11. grimmig	15. ankommen
4. flattern	8. Heizung	12. Einsatz	16. nebenher

- Schreibe zuerst alle Wörter in der vorgegebenen Reihenfolge untereinander ab. Nun geht es darum, schnell zu sein. Schlage die Begriffe so schnell nach, wie du kannst. Schreibe so: 1. rasen, Seite …
Stoppe die Zeit. Wie lange hast du gebraucht?
Ich habe __ Minuten und __ Sekunden benötigt.

Grundwortschatz 3 und 4 · Übungen

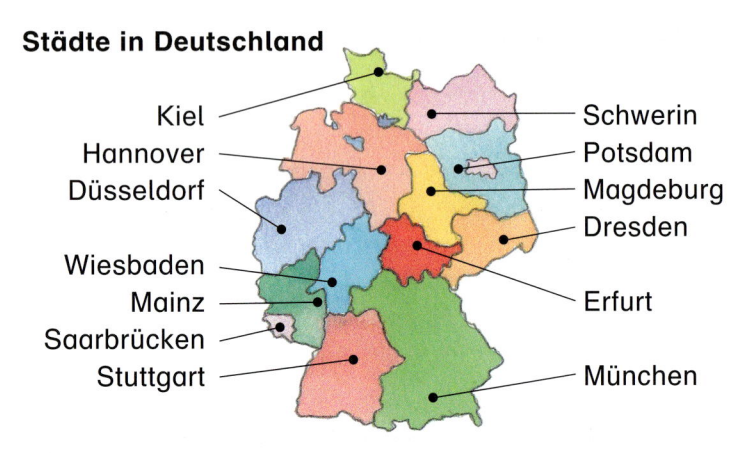

Städte in Deutschland

Kiel
Hannover
Düsseldorf

Wiesbaden
Mainz
Saarbrücken
Stuttgart

Schwerin
Potsdam
Magdeburg
Dresden

Erfurt

München

- Schlage diese Städte nach. Schreibe so:
  Kiel ist die Landeshauptstadt von ... (Seite ...).

- Auch die Stadtstaaten Deutschlands sollen nicht fehlen. Schreibe so: Bremen (Seite ...), Hamburg (Seite ...), Berlin (Seite ...)

Fremdwörter verstehen? Kein Problem!

1. Quartier	5. Projekt	9. Reserve	13. Substantiv
2. Termite	6. Skala	10. Reflektor	14. Chamäleon
3. Prädikat	7. Plural	11. Singular	15. Solarenergie
4. Experte	8. Symbol	12. Subjekt	16. Experiment

- Schlage die Bedeutungen der Fremdwörter nach, sie stehen im Wörterbuch in Klammern. Notiere den Artikel, die Erklärung und die Seitenzahl.
  Schreibe so: das Quartier: Unterkunft (Seite ...)

Grundwortschatz 3 und 4 · Übungen

Was willst du einmal werden?

1. Ar   tekt   chi
3. zist li   Po
5. her   Er   zie
7. As   naut tro
9. stel ler   Schrift
11. rer Leh
13. käu fer   Ver

2. ne   Gärt   rin
4. tin   Ärz
6. lo   tin   Pi
8. Künst rin   le
10. rin   Fri   seu
12. Apo   rin   ke   the
14. Ar   tin   tis

- Welche Berufe können sich Susi und Mert für ihre Zukunft vorstellen? Setze die Silben zusammen, schreibe die Berufe in der weiblichen und männlichen Form auf und notiere die Seitenzahlen. Schreibe so: 1. der Architekt, die Architektin (Seite …)

Wie wird das Wetter morgen?

warm, matschig, kalt, glatt, kühl, stürmisch, heiß, heiter, windig, sonnig, schön, dunkel, nass, trocken

- Welches Wetter erwartet uns morgen und wie wird es draußen sein? Schlage die Adjektive nach und schreibe sie zusammen mit den Steigerungsformen und der Seitenzahl auf. Schreibe so:
warm, wärmer, am wärmsten (Seite …)

Grundwortschatz 3 und 4 · Übungen

Bin ich schuld? Du hast recht!

Schuld/schuld   Recht/recht   Angst/angst   Erste/erste
Paar/paar   Beste/beste   Letzte/letzte

- Quiesel gibt dir im Wörterbuch Tipps, wenn die Frage nach der Groß- und Kleinschreibung besonders schwierig ist. Lege eine Tabelle an und notiere die Seitenzahlen und die Beispiele. Schreibe so:

gesuchtes Wort	Großschreibung	Klein-schreibung	Seite
Schuld/ schuld	Schuld haben das war meine Schuld die Schuldgefühle	schuld sein du bist nicht schuld daran	...

Zahlencode

- Die Groß- und Kleinschreibung bei Zahlen ist nicht einfach. Schlage die Zahlen auf dem Bildschirm nach und notiere dir für jede Zahl mindestens vier Beispiele und die Seitenzahl.

Schreibe so:
1 – eins (Seite ...): ein Jahr alt, es ist halb eins; aber:
                  eine Eins schreiben, die Zahl Eins

Grundwortschatz 3 und 4 · Übungen

Rauschende Wellen und tropfende Hähne

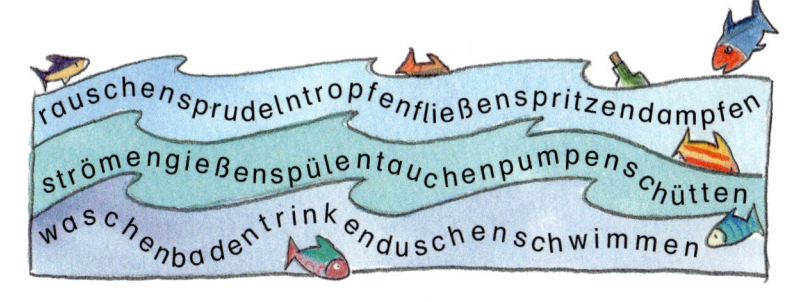

rauschen sprudeln tropfen fließen spritzen dampfen strömen gießen spülen tauchen pumpen schütten waschen baden trinken duschen schwimmen

- Was tun wir mit Wasser? Und was tut das Wasser selbst? Finde die Verben rund ums Thema „Wasser" heraus. Notiere die Zeitformen und die Seitenzahlen in einer Tabelle. Schreibe so:

Grundform	zusammengesetzte Vergangenheit	Seite
rauschen	es hat gerauscht	...

☞ Erweitere deine Tabelle um die Zeitformen „Gegenwart" und „einfache Vergangenheit". Schreibe so:

Grund-form	Gegen-wart	einfache Vergan-genheit	zusammen-gesetzte Vergangen-heit	Seite
rauschen	es rauscht	es rauschte	es hat gerauscht	...

Grundwortschatz 3 und 4 · Übungen

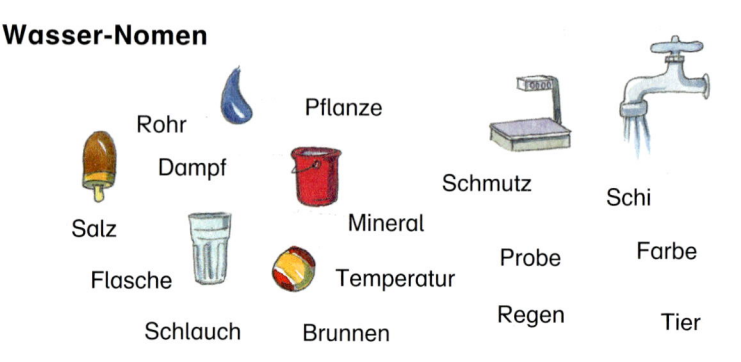

Wasser-Nomen

Rohr Pflanze
Dampf
Salz Schmutz Schi
Mineral
Flasche Probe Farbe
Temperatur
Schlauch Brunnen Regen Tier

- Verbinde die Wörter und Bilder mit dem Wort „Wasser" und bilde so zusammengesetzte Nomen. Achte darauf, ob das Wort „Wasser" vorn oder hinten stehen muss, damit sich ein sinnvolles Wort ergibt. Schlage das ergänzte Nomen nach und notiere dessen Seitenzahl. Schreibe die zusammengesetzten Nomen nun mit ihrem Artikel auf. Schreibe so: der Wasserdampf (Seite …), das Schmutzwasser (Seite …)

Im Wasser zu Hause

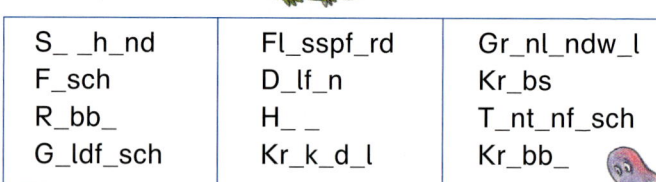

S_ _h_nd	Fl_sspf_rd	Gr_nl_ndw_l
F_sch	D_lf_n	Kr_bs
R_bb_	H_ _	T_nt_nf_sch
G_ldf_sch	Kr_k_d_l	Kr_bb_

- Hier wurden die Vokale weggespült. Erkennst du die Tiere trotzdem? Schreibe so: der Seehund, die Seehunde (Seite …)

218

Grundwortschatz 3 und 4 · Übungen

Ferien am Meer

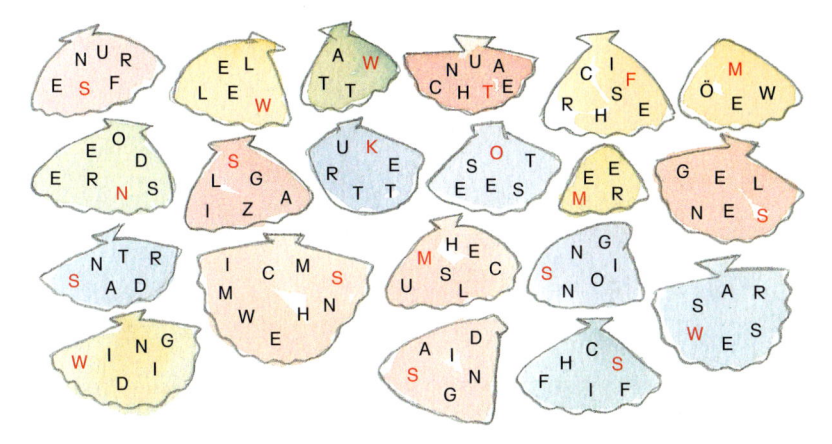

- Die starke Strömung hat die Wörter ziemlich durcheinandergewirbelt. Der erste Buchstabe ist rot gedruckt. Setze die Wörter wieder richtig zusammen und schreibe sie zusammen mit der Seitenzahl nach Wortarten geordnet auf. Schreibe so:

Nomen	Verb	Adjektiv
die Nordsee (Seite …)	tauchen (Seite …)	salzig (Seite …)
die …		

219

Grundwortschatz 3 und 4 · Übungen

Geisterstunde: Monster, Gespenster und Vampire

Spuk — se, haut, pir, Vam, Gän — Blut — Mond — ter, Mons — ler, Kel — Ne, bel — Angst — der, Fle, maus, spenst, Ge — Ge, nis, heim — Schreck — heit, Dun, kel — Nacht — lett, Ske — Geist — Gruft

- Entschlüssele die Nomen, schlage sie nach und notiere sie mit ihrem Artikel und der Seitenzahl.
  Schreibe so: der Vampir (Seite …), …

- Sortiere die einsilbigen Wörter nach dem ABC. Schlage nach, schreibe den Artikel und die Seitenzahl hinzu.
  Schreibe so: die Angst (Seite …), …

Grundwortschatz 3 und 4 · Übungen

Was war denn das für ein Geräusch?

Carolin sein ganz leise und sich anstrengen, ruhiger zu atmen. Was sein das für ein Geräusch? Da knacken es schon wieder und sie hören, wie die Tür unten zuerst knarren und dann laut quietschen. Sie gruseln sich fürchterlich und schleichen hinter den Schreibtisch. Dort verstecken sich Carolin. Vor lauter Angst frieren sie sehr und ihre Hände zittern. Hier spuken es doch! Direkt vor ihrer Zimmertür poltern es plötzlich. Carolin erschrecken so sehr, dass sie zuerst laut schreien und dann in die hinterste Ecke ihres Zimmers flüchten. Sie flüstern nur noch: „Wer ist da?" und kriechen in ihren Kleiderschrank. In diesem Moment öffnen sich ganz langsam ihre Tür …

- Setze die rot gedruckten Verben dieser Geschichte in die einfache Vergangenheitsform und schreibe sie ab. Schlage dazu die Verben nach und notiere die Seitenzahlen. Schreibe so:
  Carolin war (Seite …) ganz leise und strengte sich an (Seite …), ruhiger zu atmen …

☞ Wie könnte die Geschichte ausgehen?
Denke dir einen Schluss aus.

Grundwortschatz 3 und 4 · Übungen

Rund um den Computer

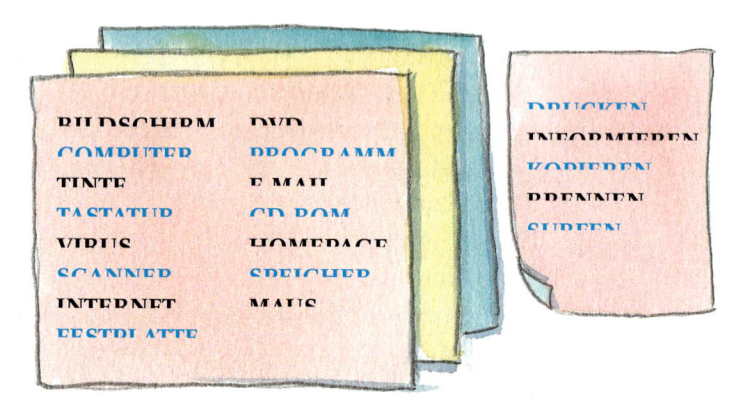

```
BILDSCHIRM    DVD           DRUCKEN
COMPUTER      PROGRAMM      INFORMIEREN
TINTE         E-MAIL        KOPIEREN
TASTATUR      CD-ROM        BRENNEN
VIRUS         HOMEPAGE      SURFEN
SCANNER       SPEICHER
INTERNET      MAUS
FESTPLATTE
```

- Hier hat der Drucker nicht richtig funktioniert und die Wörter nur zur Hälfte gedruckt. Vervollständige die Begriffe und schlage sie nach. Schreibe die Nomen mit Artikel, Mehrzahl (wo vorhanden) und Seitenzahl auf.
Bei den Verben schreibe alle Zeitformen ab.
Schreibe so:
der Bildschirm, die Bildschirme (Seite ...)
drucken, er druckt, er druckte, er hat gedruckt (Seite ...)

Grundwortschatz 3 und 4 · Übungen

Ein Reh im Schnee

die Heidelb❄re , das M❄l, der F❄ler,
sich w❄ren, der T❄, die Schn❄flocke,
die L❄ne, der T❄r, die F❄, der Verk❄r,
das R❄, die M❄rjungfrau, die M❄rzahl, das B❄t,
k❄ren, f❄len, st❄len, die Himb❄re, l❄r, s❄r,
der Kl❄, z❄n, der S❄leopard

- Hier sollst du entscheiden, ob das Wort mit **ee** oder mit **eh** geschrieben wird. Schlage die Wörter nach, sortiere sie in zwei Gruppen und schreibe sie zusammen mit der Seitenzahl auf. Schreibe so:
Wörter mit **ee**: die Heidelbeere (Seite …), …
Wörter mit **eh**: das Mehl (Seite …), …

Es grünt und blüht

Schlüs sel me / ro cken He se / Mar ge te ri / kus Kro schna Storch bel / zahn wen Lö

chen Schnee glöck / lat tich Huf / glöck Mai chen / kraut sen Wie / ten Hir tä schel

bel ker sen Wie / se Gän chen blüm / zin a Hy the / schaum Wie / wind chen rös Busch

- Wie schön es überall blüht! Setze die Silben zusammen, schlage die Pflanzen nach und notiere die Seitenzahl und den Artikel.
Schreibe so: die Schlüsselblume, Seite …

Grundwortschatz 3 und 4 · Übungen

Gieße die Narzissen!

das Me🌷er, sü🌷, schlie🌷lich, die Gro🌷eltern,
bi🌷chen, verge🌷en, flei🌷ig, be🌷er, die Walnu🌷,
das Kla🌷enzimmer, die So🌷e, flie🌷en, barfu🌷,
hä🌷lich, der Spa🌷, la🌷en, sto🌷en, e🌷en, zer-
rei🌷en, wei🌷, das Fa🌷, drau🌷en, der Ka🌷etten-
rekorder, die Narzi🌷e, grü🌷en, die Nä🌷e, hei🌷en,
kü🌷en, gie🌷en, der Bi🌷

- Wird das Wort mit **ss** oder mit **ß** geschrieben? Finde es durch Nachschlagen heraus und schreibe die Wörter in zwei Gruppen mit den Seitenzahlen auf.
Schreibe so:
Wörter mit **ss**: das Messer (Seite ...), ...
Wörter mit **ß**: süß (Seite ...), ...

👉 Schreibe eine Geschichte, in der mindestens 10 der Wörter vorkommen.

Grundwortschatz 3 und 4 · Übungen

Tiere im Herbst und Winter

① ▢▢▢▢▢▢▢▢▢▢
② ▢▢▢▢▢▢▢
③ ▢▢▢▢▢▢▢
④ ▢▢▢▢▢
⑤ ▢▢▢▢▢▢
⑥ ▢▢▢▢▢▢▢▢▢▢
⑦ ▢▢▢▢▢
⑧ ▢▢▢▢
⑨ ▢▢s▢
⑩ ▢▢▢▢
⑪ ▢▢▢▢▢

⑫ ▢▢▢f▢▢▢▢
⑬ ▢▢▢▢
⑭ ▢▢▢
⑮ ▢▢▢s
⑯ ▢▢▢
⑰ ▢▢▢▢z
⑱ ▢▢▢▢▢
⑲ ▢▢▢▢▢▢▢▢▢
⑳ ▢▢▢▢f▢▢▢
㉑ ▢▢▢▢▢▢▢▢▢▢
㉒ ▢▢▢▢▢▢

- Die Tiere verstecken sich im Unterholz. Kannst du erkennen, welches Tier gemeint ist? Entziffere die Geheimschrift und schreibe die Tiere in Einzahl und Mehrzahl auf. Vergiss auch die Seitenzahl und den Artikel nicht. Schreibe so:
① das Wildschwein, die Wildschweine (Seite …)

Wildschwein, Rotkehlchen, Buchfink, Marder, Kohlmeise, Spinne, Maus, Eichelhäher, Specht, Hirsch, Amsel, Storch, Spatz, Elster, Dachs, Reh, Igel, Hase, Bär, Eichhörnchen, Rotfuchs, Regenwurm

Grundwortschatz 3 und 4 · Übungen

Halte dich fit!

- Kennst du diese Sportarten und Sportgeräte?
  Schlage sie im Wörterbuch nach und schreibe sie zusammen mit der Seitenzahl auf.
  Schreibe so: der Fußball (Seite …)

- Was tun diese Sportler? Schreibe die Verben mit allen Zeitformen und der Seitenzahl auf.
  Schreibe so:
  werfen, er wirft, er warf, er hat geworfen (Seite …)

Übungen 1 und 2 · Lösungen

Zauberei! (Seite 49)
Trick

Im Zirkus (Seite 49)
Die Zuschauer sitzen im Zelt (Seite 48) und freuen sich auf die Vorstellung. Zuerst kommt ein Löwe (Seite 27), dann ein Elefant (Seite 15) und schließlich ein Affe (Seite 8) auf einem Rad (Seite 34). Ein Bär (Seite 9) spielt mit Bällen (Seite 9). Dann kommt der Clown (Seite 12) und alle müssen lachen. Zum Schluss zaubert ein Mann einen Hasen (Seite 21) aus dem Hut. Das war ein schöner Abend!

Wörtersuche nach dem ABC (Seite 50)
keine Verben bei: c, j, o, x, y

In der Schule (Seite 50)
der Pinsel, die Pinsel (Seite 32); das Buch, die Bücher (Seite 11); die Schere, die Scheren (Seite 36); das Heft, die Hefte (Seite 21); der Füller, die Füller (Seite 18); das Papier, die Papiere (Seite 32); das Lineal, die Lineale (Seite 27); die Banane, die Bananen (Seite 9); das Brot, die Brote (Seite 11); der Apfel, die Äpfel (Seite 8)

wir malen (Seite 28), wir singen (Seite 38), wir lesen (Seite 26), wir rechnen (Seite 34), wir erzählen (Seite 15), wir schreiben (Seite 37)

Märchenhaft! (Seite 51)
① das Märchen, die Märchen (Seite 28)
② die Hexe, die Hexen (Seite 21)

③ die Prinzessin, die Prinzessinnen (Seite 33)
④ der König, die Könige (Seite 25)
⑤ der Wunsch, die Wünsche (Seite 46)
⑥ der Prinz, die Prinzen (Seite 32)
⑦ die Königin, die Königinnen (Seite 25)
⑧ der Zwerg, die Zwerge (Seite 48)
⑨ die Krone, die Kronen (Seite 25)
⑩ der Spiegel, die Spiegel (Seite 39)
⑪ der Ring, die Ringe (Seite 35)
⑫ das Haus, die Häuser (Seite 21)

Tischlein, deck dich! (Seite 51)
① das Messer, Seite 28; ② die Gabel, Seite 19; ③ der Löffel, Seite 27; ④ die Tasse, Seite 41; ⑤ das Glas, Seite 19; ⑥ der Teller, Seite 41; ⑦ die Schüssel, Seite 37; ⑧ die Blume, Seite 11; ⑨ die Decke, Seite 13; ⑩ die Kerze, Seite 24

Jetzt schlägt es dreizehn! (Seite 52)
1 = eins (Seite 14); 2 = zwei (Seite 48); 3 = drei (Seite 14); 4 = vier (Seite 44); 5 = fünf (Seite 18); 6 = sechs (Seite 38); 7 = sieben (Seite 38); 8 = acht (Seite 8); 9 = neun (Seite 30); 10 = zehn (Seite 47); 11 = elf (Seite 15); 12 = zwölf (Seite 48)

Im Wald (Seite 52)
① der Zweig, die Zweige (Seite 48); ② der Ast, die Äste (Seite 9), ③ das Blatt, die Blätter (Seite 11); ④ die Wurzel, die Wurzeln (Seite 47)

Übungen 1 und 2 · Lösungen

Im Wald (Seite 45) stehen viele Bäume. Alle bestehen aus Holz (Seite 22) und Blättern (Seite 11). Ein Baum (Seite 10) gefällt mir besonders gut. Die Blätter an der Krone (Seite 25) dieses Baums leuchten schön. Am Boden wächst weiches Moos (Seite 29) und ich entdecke dort viele glänzende Kastanien (Seite 24).

Im Herbst (Seite 53)
① die Birne, die Birnen (Seite 10); ② die Kastanie, die Kastanien (Seite 24); ③ der Drachen, die Drachen (Seite 13); ④ der Igel, die Igel (Seite 22); ⑤ der Regen (Seite 34); ⑥ die Wolke, die Wolken (Seite 46); ⑦ der Apfel, die Äpfel (Seite 8); ⑧ der Sturm, die Stürme (Seite 40), auch: der Wind, die Winde (Seite 46); ⑨ die Laterne, die Laternen (Seite 26); ⑩ die Pflaume, die Pflaumen (Seite 32); ⑪ das Blatt, die Blätter (Seite 11); ⑫ der Nebel, die Nebel (Seite 30)

Die Jahreszeiten (Seite 53)
der Herbst, Seite 21; der Winter, Seite 46; der Frühling, Seite 18; der Sommer, Seite 38

Die Monate des Jahres (Seite 54)
Der 1. Monat ist der Januar (Seite 23).
Der 2. Monat ist der Februar (Seite 16).
Der 3. Monat ist der März (Seite 28).
Der 4. Monat ist der April (Seite 8).
Der 5. Monat ist der Mai (Seite 28).
Der 6. Monat ist der Juni (Seite 23).

Der 7. Monat ist der Juli (Seite 23).
Der 8. Monat ist der August (Seite 9).
Der 9. Monat ist der September (Seite 38).
Der 10. Monat ist der Oktober (Seite 31).
Der 11. Monat ist der November (Seite 30).
Der 12. Monat ist der Dezember (Seite 13).

Wochentage (Seite 55)
① der Sonntag, die Sonntage (Seite 39); ② der Dienstag, die Dienstage (Seite 13); ③ der Mittwoch, die Mittwoche (Seite 29); ④ der Montag, die Montage (Seite 29); ⑤ der Freitag, die Freitage (Seite 17); ⑥ der Donnerstag, die Donnerstage (Seite 13); ⑦ der Samstag, die Samstage (Seite 35)

Am Sonntag geht er schwimmen. Am Dienstag trifft er seine Freunde. Am Mittwoch geht er zum Judo. Am Montag spielt und liest er. Am Freitag räumt er sein Zimmer auf. Am Donnerstag macht er Hausaufgaben. Am Samstag passt er auf seinen kleinen Bruder auf.

Die Zeit vergeht wie im Fluge! (Seite 56)
der Morgen, Seite 29; der Nachmittag, Seite 30; der Abend, Seite 8; die Nacht, Seite 30; die Uhr, Seite 43; der Kalender, Seite 24; die Sekunde, Seite 38; die Minute, Seite 29; die Stunde, Seite 40; der Tag, Seite 41; die Woche, Seite 46; der Monat, Seite 29; das Jahr, Seite 23; gestern, Seite 19; heute, Seite 21

Übungen 1 und 2 · Lösungen

Einladung zur Familienfeier (Seite 56)
die Tante, die Tanten (Seite 41); die Mutter, die Mütter (Seite 29); das Kind, die Kinder (Seite 24); der Vater, die Väter (Seite 44); der Bruder, die Brüder (Seite 11); die Oma, die Omas (Seite 31); der Opa, die Opas (Seite 31); der Onkel, die Onkel (Seite 31); die Eltern (Seite 15); die Schwester, die Schwestern (Seite 37)

Runde Ecken und feste Flüssigkeiten? (Seite 57)
① dunkel (Seite 14) – hell (Seite 21); ② spät (Seite 39) – früh (Seite 18); ③ laut (Seite 26) – leise (Seite 26); ④ fest (Seite 16) – flüssig (Seite 17); ⑤ kurz (Seite 25) – lang (Seite 26); ⑥ weit (Seite 45) – eng (Seite 15); ⑦ schlecht (Seite 36) – gut (Seite 20); ⑧ rund (Seite 35) – eckig (Seite 14); ⑨ hart (Seite 20) – weich (Seite 45); ⑩ reich (Seite 34) – arm (Seite 8); ⑪ langsam (Seite 26) – schnell (Seite 37); ⑫ alt (Seite 8) – jung (Seite 23); ⑬ klein (Seite 24) – groß (Seite 20); ⑭ dick (Seite 13) – dünn (Seite 14); ⑮ leicht (Seite 26) – schwer (Seite 37)

So sehe ich aus! (Seite 57)
① das Gesicht, die Gesichter (Seite 19); ② die Nase, die Nasen (Seite 30); ③ das Auge, die Augen (Seite 9); ④ der Kopf, die Köpfe (Seite 25); ⑤ das Ohr, die Ohren (Seite 31); ⑥ das Haar, die Haare (Seite 20); ⑦ der Mund, die Münder (Seite 29); ⑧ der Arm, die Arme (Seite 9); ⑨ der Bauch, die Bäuche (Seite 10); ⑩ der Fuß, die Füße (Seite 18); ⑪ das Bein, die Beine (Seite 10); ⑫ der Finger, die Finger (Seite 17); ⑬ die Hand, die Hände (Seite 20)

Übungen 1 und 2 · Lösungen

Ristorante Enzo (Seite 58)
Heute ist ein besonderer Tag. Herr Manolis hat Geburtstag und lädt seine Familie in sein Lieblingsrestaurant ein. Der Koch (Seite 25) begrüßt sie freundlich und bringt gleich die Karte. Auf dem Tisch stehen bereits Pfeffer, Salz (Seite 35) und Brot (Seite 11). Katja weiß schon, was sie möchte: Sie nimmt immer Spagetti (Seite 39) mit Tomaten (Seite 42) und Fleisch (Seite 17). Ihre Mutter bestellt verschiedene Nudeln (Seite 30) mit Wurst (Seite 47) und Ei (Seite 14). Herr Manolis freut sich auf frischen Fisch (Seite 17) mit Gemüse (Seite 19). Zum Nachtisch bekommt Katja ein leckeres Eis (Seite 14) mit frischen Erdbeeren (Seite 15) und ihr Vater ein großes Stück Torte (Seite 42). Ihre Mutter isst ein Stück Kuchen (Seite 25) und trinkt eine Tasse schwarzen Tee (Seite 41) mit viel Zucker (Seite 48). Nun sind alle satt und nach dem Bezahlen gehen sie zufrieden nach Hause.

Haustier oder Insekt? (Seite 59)
Haustiere: der Hamster (Seite 20), die Katze (Seite 24), die Maus (Seite 28), der Vogel (Seite 44), der Hund (Seite 22), der Fisch (Seite 17), der Hase (Seite 21)

Insekten: die Biene (Seite 10), der Käfer (Seite 24), die Raupe (Seite 34), die Fliege (Seite 17), der Schmetterling (Seite 36), die Ameise (Seite 8)

Übungen 3 und 4 · Lösungen

Querbeet durch das Alphabet (Seite 213)
1. Kamel und Känguru (Seiten 121 und 122)
2. Banane (Seite 199)
3. vier (Seite 124)
4. Flamingo und Frosch (Seiten 100 und 103)
5. erstes Wort: Rabe (Seite 155); letztes Wort: rütteln (Seite 160)
6. Abkürzung für: und so weiter (Seite 192).
7. Qualle (Seite 154)
8. erstes Wort: Haar (Seite 112); letztes Wort: Hyazinthe (Seite 117)

Gib Gas! (Seite 213)
1. rasen, Seite 155; 2. Geige, Seite 106; 3. spazieren, Seite 176; 4. flattern, Seite 100; 5. Tipp, Seite 187; 6. Kapuze, Seite 122; 7. Plastiktüte, Seite 151; 8. Heizung, Seite 114; 9. dreißig, Seite 89; 10. Windrose, Seite 204; 11. grimmig, Seite 111; 12. Einsatz, Seite 92; 13. verboten, Seite 193; 14. hasten, Seite 113; 15. ankommen, Seite 67; 16. nebenher, Seite 145

Städte in Deutschland (Seite 214)
Kiel ist die Landeshauptstadt von Schleswig-Holstein (Seite 123).
Erfurt ist die Landeshauptstadt von Thüringen (Seite 95).
Hannover ist die Landeshauptstadt von Niedersachsen (Seite 113).
Stuttgart ist die Landeshauptstadt von Baden-Württemberg (Seite 183).

Übungen 3 und 4 · Lösungen

Dresden ist die Landeshauptstadt von Sachsen (Seite 89).
Saarbrücken ist die Landeshauptstadt des Saarlandes (Seite 161).
München ist die Landeshauptstadt von Bayern (Seite 142).
Düsseldorf ist die Landeshauptstadt von Nordrhein-Westfalen (Seite 90).
Magdeburg ist die Landeshauptstadt von Sachsen-Anhalt (Seite 136).
Wiesbaden ist die Landeshauptstadt von Hessen (Seite 204).
Potsdam ist die Landeshauptstadt von Brandenburg (Seite 152).
Schwerin ist die Landeshauptstadt von Mecklenburg-Vorpommern (Seite 171).
Mainz ist die Landeshauptstadt von Rheinland-Pfalz (Seite 136).
Bremen (Seite 81), Hamburg (Seite 113), Berlin (Seite 76)

Fremdwörter verstehen? Kein Problem! (Seite 214)
1. das Quartier: Unterkunft (Seite 154); 2. die Termite: Insekt (Seite 187); 3. das Prädikat: Satzaussage (Seite 152); 4. der Experte: Fachmann (Seite 97); 5. das Projekt: Vorhaben (Seite 153); 6. die Skala: Maßeinteilung (Seite 174); 7. der Plural: Mehrzahl (Seite 151); 8. das Symbol: Zeichen (Seite 184); 9. die Reserve: Vorrat (Seite 149); 10. der Reflektor: Rückstrahler (Seite 157); 11. der Singular: Einzahl (Seite 174); 12. das Subjekt: Satzgegenstand (Seite 183); 13. das Substantiv: Namenwort

Übungen 3 und 4 · Lösungen

(Seite 183); 14. das Chamäleon: Echse (Seite 84);
15. die Solarenergie: Sonnenenergie (Seite 174);
16. das Experiment: Versuch (Seite 97)

Was willst du einmal werden? (Seite 215)
1. der Architekt, die Architektin (Seite 69); 2. der Gärtner, die Gärtnerin (Seite 105); 3. der Polizist, die Polizistin (Seite 151); 4. der Arzt, die Ärztin (Seite 69); 5. der Erzieher, die Erzieherin (Seite 97); 6. der Pilot, die Pilotin (Seite 151); 7. der Astronaut, die Astronautin (Seite 69); 8. der Künstler, die Künstlerin (Seite 130); 9. der Schriftsteller, die Schriftstellerin (Seite 168); 10. der Friseur, die Friseurin (Seite 103); 11. der Lehrer, die Lehrerin (Seite 132); 12. der Apotheker, die Apothekerin (Seite 68); 13. der Verkäufer, die Verkäuferin (Seite 194); 14. der Artist, die Artistin (Seite 69)

Wie wird das Wetter morgen? (Seite 215)
warm, wärmer, am wärmsten (Seite 200); matschig, matschiger, am matschigsten (Seite 138); kalt, kälter, am kältesten (Seite 121); glatt, glatter, am glattesten (Seite 109); kühl, kühler, am kühlsten (Seite 129); stürmisch, stürmischer, am stürmischsten (Seite 183); heiß, heißer, am heißesten (Seite 114); heiter, heiterer, am heitersten (Seite 114); windig, windiger, am windigsten (Seite 204); sonnig, sonniger, am sonnigsten (Seite 175); schön, schöner, am schönsten (Seite 168); dunkel, dunkler, am dunkelsten (Seite 90); nass, nasser, am nassesten (Seite 145); trocken, trockener, am trockensten (Seite 189)

Bin ich schuld? Du hast recht! (Seite 216)

gesuchtes Wort	Groß-schreibung	Klein-schreibung	Seite
Schuld/ schuld	– Schuld haben – das war meine Schuld – die Schuldgefühle	– schuld sein – du bist nicht schuld daran	169
Recht/ recht	– im Recht sein	– recht haben – recht bekommen – das geschieht ihm recht – jetzt erst recht – so ist es recht	156
Angst/ angst	– Angst haben – sie hat Angst – Angst machen – es macht mir Angst	– mir ist angst und bange	67
Beste/ beste	– die Beste der Klasse – es ist das Beste	– die beste Schülerin – es ist am besten – bestens	77
Erste/ erste	– als Erste im Ziel – der Erste des Monats – Erste Hilfe leisten	– die erste Klasse – mein erstes Fahrrad	96
Paar/ paar	– Paar → zwei – ein Paar Socken – das Paar, das bald heiratet	– paar → mehrere – ein paar Leute – ein paar Häuser weiter	148
Letzte/ letzte	– der Letzte im Ziel – sie kam als Letzte	– das letzte Mal – der letzte Versuch – zum letzten Mal	133

Übungen 3 und 4 · Lösungen

Zahlencode (Seite 216)
eins (Seite 92), zwei (Seite 211), drei (Seite 89), vier (Seite 197), fünf (Seite 104), sechs (Seite 171/172), sieben (Seite 173), acht (Seite 65), neun (Seite 145), zehn (Seite 208), elf (Seite 93), zwölf (Seite 211), hundert (Seite 117), tausend (Seite 186) → Beispiele dort

Rauschende Wellen und tropfende Hähne (Seite 217)

Grundform	Gegenwart	einfache Vergangenheit	zusammengesetzte Vergangenheit	Seite
rauschen	es rauscht	es rauschte	es hat gerauscht	156
sprudeln	es sprudelt	es sprudelte	es hat gesprudelt	178
tropfen	es tropft	es tropfte	es hat getropft	189
fließen	es fließt	es floss	es ist geflossen	101
spritzen	es spritzt	es spritzte	es hat gespritzt	177
dampfen	es dampft	es dampfte	es hat gedampft	85
strömen	es strömt	es strömte	es ist geströmt	182
gießen	er gießt	er goss	er hat gegossen	109
spülen	er spült	er spülte	er hat gespült	178
tauchen	sie taucht	sie tauchte	sie ist getaucht	185
pumpen	er pumpt	er pumpte	er hat gepumpt	153
schütten	er schüttet	er schüttete	er hat geschüttet	170
waschen	sie wäscht	sie wusch	sie hat gewaschen	200
baden	sie badet	sie badete	sie hat gebadet	72
trinken	sie trinkt	sie trank	sie hat getrunken	189
duschen	sie duscht	sie duschte	sie hat geduscht	90
schwimmen	er schwimmt	er schwamm	er ist geschwommen	171

Wasser-Nomen (Seite 218)
der Wasserdampf (Seite 85); das Wasserrohr (Seite 159); der Wassertropfen (Seite 189); die Wasserpflanze (Seite 150); der Wasserhahn (Seite 112); das Wassereis/das Eiswasser (Seite 92); der Wasserschi (Seite 164); die Wasserfarbe (Seite 98); das Salzwasser (Seite 161);

Übungen 3 und 4 · Lösungen

das Schmutzwasser (Seite 167); der Wasserball (Seite 73); das Wasserglas (Seite 109); die Wasserprobe (Seite 152); das Mineralwasser (Seite 139); der Wassereimer (Seite 91); die Wasserflasche (Seite 100); der Wasserschlauch (Seite 165); die Wassertemperatur (Seite 186); das Brunnenwasser/der Wasserbrunnen (Seite 82); die Wasserwaage (Seite 199); das Regenwasser (Seite 157); das Wassertier (Seite 187)

Im Wasser zu Hause (Seite 218)
der Seehund, die Seehunde (Seite 171); der Fisch, die Fische (Seite 100); die Robbe, die Robben (Seite 159); der Goldfisch, die Goldfische (Seite 110); das Flusspferd, die Flusspferde (Seite 101); der Delfin, die Delfine (Seite 86); der Hai, die Haie (Seite 112); das Krokodil, die Krokodile (Seite 129); der Grönlandwal, die Grönlandwale (Seite 111); der Krebs, die Krebse (Seite 128); der Tintenfisch, die Tintenfische (Seite 187); die Krabbe, die Krabben (Seite 128)

Ferien am Meer (Seite 219)
Nomen: der Fischer (Seite 100), der Kutter (Seite 130), das Meer (Seite 138), die Möwe (Seite 142), die Muschel (Seite 142), die Nordsee (Seite 146), die Ostsee (Seite 148), das Schiff (Seite 164), der Strand (Seite 181), das Wasser (Seite 200), das Watt (Seite 201), die Welle (Seite 202)
Verben: schwimmen (Seite 171), segeln (Seite 172), surfen (Seite 183), tauchen (Seite 185)

Übungen 3 und 4 · Lösungen

Adjektive: salzig (Seite 161), sandig (Seite 162), sonnig (Seite 175), windig (Seite 204)

Geisterstunde: Monster, Gespenster und Vampire (Seite 220)

der Vampir (Seite 193); die Gänsehaut (Seite 105); das Monster (Seite 141); das Skelett (Seite 174); der Keller (Seite 123); der Nebel (Seite 145); das Gespenst (Seite 108); die Fledermaus (Seite 100); das Geheimnis (Seite 106); die Dunkelheit (Seite 90)

die Angst (Seite 67); das Blut (Seite 80); der Geist (Seite 106); die Gruft (Seite 111); der Mond (Seite 141); die Nacht (Seite 144); der Schreck (Seite 168); der Spuk (Seite 178)

Was war denn das für ein Geräusch? (Seite 221)

Carolin war (Seite 172) ganz leise und strengte sich an (Seite 68), ruhiger zu atmen. Was war (Seite 172) das für ein Geräusch? Da knackte (Seite 125) es schon wieder und sie hörte (Seite 116), wie die Tür unten zuerst knarrte (Seite 126) und dann laut quietschte (Seite 154). Sie gruselte sich (Seite 112) fürchterlich und schlich (Seite 165) hinter den Schreibtisch. Dort versteckte sich (Seite 196) Carolin. Vor lauter Angst fror (Seite 103) sie sehr und ihre Hände zitterten (Seite 209). Hier spukte (Seite 178) es doch! Direkt vor ihrer Zimmertür polterte (Seite 151) es plötzlich. Carolin erschreckte (Seite 96) so sehr, dass sie zuerst laut schrie (Seite 168) und dann in die hinterste

Übungen 3 und 4 · Lösungen

Ecke ihres Zimmers flüchtete (Seite 101). Sie flüsterte (Seite 101) nur noch: „Wer ist da?" und kroch (Seite 129) in ihren Kleiderschrank. In diesem Moment öffnete sich (Seite 147) ganz langsam ihre Tür ...

Rund um den Computer (Seite 222)
der Bildschirm, die Bildschirme (Seite 78); der Computer, die Computer (Seite 84); die Tinte (Seite 187); die Tastatur, die Tastaturen (Seite 185), der Virus, die Viren (Seite 197); der Scanner, die Scanner (Seite 163); das Internet (Seite 119); die Festplatte, die Festplatten (Seite 99); die DVD, die DVDs (Seite 90); das Programm, die Programme (Seite 153); die E-Mail, die E-Mails (Seite 93); die CD-ROM, die CD-ROMs (Seite 84); die Homepage, die Homepages (Seite 116); der Speicher, die Speicher (Seite 176); die Maus, die Mäuse (Seite 138)

drucken, er druckt, er druckte, er hat gedruckt (Seite 90)
informieren, er informiert, er informierte, er hat informiert (Seite 118)
kopieren, er kopiert, er kopierte, er hat kopiert (Seite 127)
brennen, es brennt, es brannte, es hat gebrannt (Seite 81)
surfen, sie surft, sie surfte, sie ist gesurft (Seite 183)

Ein Reh im Schnee (Seite 223)
Wörter mit ee: die Heidelbeere (Seite 114); der Tee (Seite 186); die Schneeflocke (Seite 167); der Teer (Seite 186);

die Fee (Seite 99); die Meerjungfrau (Seite 138); der Klee (Seite 124); das Beet (Seite 74); der Seeleopard (Seite 171); die Himbeere (Seite 115); leer (Seite 132)

Wörter mit eh: das Mehl (Seite 138); der Fehler (Seite 99); sich wehren (Seite 201); die Lehne (Seite 132); der Verkehr (Seite 194); das Reh (Seite 157); zehn (Seite 208); die Mehrzahl (Seite 138); kehren (Seite 143); fehlen (Seite 99); stehlen (Seite 179); sehr (Seite 172)

Es grünt und blüht (Seite 223)
die Schlüsselblume, Seite 166; die Heckenrose, Seite 114; das Schneeglöckchen, Seite 167; der Löwenzahn, Seite 135; der Storchschnabel, Seite 181; die Margerite, Seite 137; das Hirtentäschel, Seite 116; der Wiesenkerbel, Seite 204; das Maiglöckchen, Seite 136; der Krokus, Seite 129; der Huflattich, Seite 117; das Gänseblümchen, Seite 105; das Buschwindröschen, Seite 83; die Hyazinthe, Seite 117; das Wiesenschaumkraut, Seite 204

Gieße die Narzissen! (Seite 224)
Wörter mit ss: das Messer (Seite 139); bisschen (Seite 79); vergessen (Seite 194); besser (Seite 77); die Walnuss (Seite 200); das Klassenzimmer (Seite 124); hässlich (Seite 113); lassen (Seite 131); die Narzisse (Seite 144); essen (Seite 97); die Nässe (Seite 145); das Fass (Seite 98); küssen (Seite 130); der Kassettenrekorder (Seite 122); der Biss (Seite 79)

Übungen 3 und 4 · Lösungen

Wörter mit ß: süß (Seite 183); schließlich (Seite 166); die Großeltern (Seite 111); fleißig (Seite 101); die Soße (Seite 176); fließen (Seite 101); barfuß (Seite 73); der Spaß (Seite 176); grüßen (Seite 112); stoßen (Seite 181); zerreißen (Seite 209); heißen (Seite 114); weiß (Seite 202); draußen (Seite 89); gießen (Seite 109)

Tiere im Herbst und Winter (Seite 225)
① das Wildschwein, die Wildschweine (Seite 204); ② die Kohlmeise, die Kohlmeisen (Seite 127); ③ der Regenwurm, die Regenwürmer (Seite 157); ④ die Elster, die Elstern (Seite 93); ⑤ die Spinne, die Spinnen (Seite 177); ⑥ der Eichelhäher, die Eichelhäher (Seite 91); ⑦ der Specht, die Spechte (Seite 176); ⑧ die Amsel, die Amseln (Seite 66); ⑨ der Hase, die Hasen (Seite 113); ⑩ der Dachs, die Dachse (Seite 85); ⑪ der Storch, der Störche (Seite 181); ⑫ der Rotfuchs, die Rotfüchse (Seite 160); ⑬ der Igel, die Igel (Seite 118); ⑭ der Bär, die Bären (Seite 73); ⑮ die Maus, die Mäuse (Seite 138); ⑯ das Reh, die Rehe (Seite 157); ⑰ der Spatz, die Spatzen (Seite 176); ⑱ der Marder, die Marder (Seite 137); ⑲ das Rotkehlchen, die Rotkehlchen (Seite 160); ⑳ der Buchfink, die Buchfinken (Seite 82); ㉑ das Eichhörnchen, die Eichhörnchen (Seite 91); ㉒ der Hirsch, die Hirsche (Seite 116)

Halte dich fit! (Seite 226)
Nomen: der Fußball, Seite 104; das Skateboard, Seite 174; das Judo, Seite 121; der Schi, Seite 164; das

Übungen 3 und 4 · Lösungen

Fahrrad, Seite 98; das Inlineskaten, Seite 118; das Tor, Seite 188; der Turnschuh, Seite 190; das Pferd, Seite 150; die Ringe, Seite 158; das Surfbrett, Seite 183; der Ball, Seite 73

Verben: werfen, er wirft, er warf, er hat geworfen (Seite 202); springen, er springt, er sprang, er ist gesprungen (Seite 177); klettern, sie klettert, sie kletterte, sie ist geklettert (Seite 125); reiten, er reitet, er ritt, er ist geritten (Seite 157); turnen, sie turnt, sie turnte, sie hat geturnt (Seite 189); schwimmen, er schwimmt, er schwamm, er ist geschwommen (Seite 171); boxen, sie boxt, sie boxte, sie hat geboxt (Seite 80); tauchen, sie taucht, sie tauchte, sie ist getaucht (Seite 185); laufen, er läuft, er lief, er ist gelaufen (Seite 132); surfen, sie surft, sie surfte, sie ist gesurft (Seite 183); schießen, sie schießt, sie schoss, sie hat geschossen (Seite 165)

Anfangswortschatz Frühenglisch

About me

Hi./Hello.	Hallo.
Good morning.	Guten Morgen.
I'm/I am ...	Ich bin ...
I'm Robert.	Ich bin Robert.
I'm nine.	Ich bin neun.
I'm from Germany.	Ich bin aus Deutschland.
I like ...	Ich mag ...
I don't like ...	Ich mag nicht/kein(e) ...

basketball	Basketball
family	Familie
friends	Freunde
home	Zuhause
hopscotch	Hüpfkästchen
magic	Zauberei
school	Schule
stories	Geschichten
table tennis	Tischtennis
chat	plaudern
cycle	Rad fahren
sing	singen
skip	seilspringen
swap stickers	Aufkleber tauschen
swim	schwimmen

word lists 3 and 4

At school

What have you got?   Was hast du da?
I've got ...   Ich habe ...
I've got a pencil.   Ich habe einen Bleistift.
Have you got ...?   Hast du ...?
Have you got a pen?   Hast du einen Stift?

board	Tafel
break time	Pause
chair	Stuhl
classroom	Klassenzimmer
English book	Englischbuch
glue	Klebstoff
gym	Turnhalle
music	Musik
paper	Papier
pen	Stift
pencil	Bleistift
pencil case	Federtasche
rubber	Radiergummi
ruler	Lineal
schoolbag	Schultasche
scissors	Schere
sharpener	Anspitzer
table	Tisch
teacher	Lehrerin/Lehrer

Anfangswortschatz Frühenglisch

colour	anmalen
read	lesen
write	schreiben

Halloween

Trick or treat!   *Süßigkeit oder Streich!*

castle	Schloss
cat	Katze
ghost	Gespenst
jack-o'-lantern	Kürbislaterne
lantern	Laterne
monster	Monster
moon	Mond
pumpkin	Kürbis
skeleton	Skelett
tower	Turm
vampire	Vampir
web	Netz
witch	Hexe
spooky	unheimlich

word lists 3 and 4

Body

Shake your ...   *Schüttele dein(e) ...*
Shake your head.   *Schüttele deinen Kopf.*
Touch your ...   *Berühre dein(e) ...*
Touch your legs.   *Berühre deine Beine.*

arm	Arm
back	Rücken
ear	Ohr
eye	Auge
face	Gesicht
finger	Finger
foot	Fuß
hand	Hand
head	Kopf
hip	Hüfte
leg	Bein
mouth	Mund
neck	Hals
nose	Nase
shoulder	Schulter
toe	Zeh

Anfangswortschatz Frühenglisch

Food and drink

What have you got for breakfast? — *Was hast du zum Frühstück?*
Do you like it? — *Magst du es?*
Let's swap. — *Lass uns tauschen.*

apple	Apfel
apple juice	Apfelsaft
banana	Banane
bread	Brot
breakfast	Frühstück
bubble gum	Kaugummi
butter	Butter
cake	Kuchen
carrot	Möhre
cheese	Käse
chocolate bar	Schokoriegel
cornflakes	Cornflakes
fast food	Fertiggericht
fish fingers	Fischstäbchen
fruit	Obst
ham	Schinken
hot dog	Hot Dog
ice cream	Eis
lemonade	Limonade
lunchbox	Brotdose
milk	Milch

word lists 3 and 4

milkshake	Milchshake
orange	Orange
orange juice	Orangensaft
pear	Birne
roll	Brötchen
sandwich	Sandwich
soup	Suppe
tea	Tee
tomato	Tomate
drink	trinken
eat	essen
fresh	frisch
good	gut
juicy	saftig
soft	weich
sweet	süß

Festivals

Happy birthday.	*Herzlichen Glückwunsch zum Geburtstag!*
Happy Hannukah.	*Frohes Hannukah!*
Happy Diwali.	*Frohes Diwali!*
Merry Christmas.	*Frohe Weihnachten!*

Anfangswortschatz Frühenglisch

birthday	Geburtstag
candle	Kerze
Christmas	Weihnachten
Christmas card	Weihnachtskarte
Christmas carol	Weihnachtslied
Christmas tree	Weihnachtsbaum
present	Geschenk
reindeer	Rentier
Sankta Lucia	Lichterfest
Santa Claus	Weihnachtsmann
Seker Bayram	Zuckerfest
star	Stern
stocking	Strumpf

At home

Where is ...?	*Wo ist ...?*
It's in the ...	*Es ist in/im ...*
She's in the ...	*Sie ist in/im ...*
He's in the ...	*Er ist in/im ...*
aunt	Tante
brother	Bruder
dad	Vater/Papa
family	Familie
grandma	Großmutter/Oma

word lists 3 and 4

grandpa	Großvater/Opa
mum	Mutter/Mama
sister	Schwester
uncle	Onkel
bathroom	Badezimmer
bedroom	Schlafzimmer
home	Zuhause
house	Haus
kitchen	Küche
living room	Wohnzimmer

Let's play

ball	Ball
basketball	Basketball
book	Buch
coloured pencils	Buntstifte
doll	Puppe
game	Spiel
magic wand	Zauberstab
puzzle	Puzzle
robot	Roboter
skipping rope	Springseil
story book	Bilderbuch
table tennis bat	Tischtennisschläger

Anfangswortschatz Frühenglisch

teddy bear .... Teddy
toy .... Spielzeug

Clothes

Put on your ...   *Zieh dein(e) ... an.*
Take off your ...   *Zieh dein(e) ... aus.*

anorak .... Anorak
boots .... Stiefel
dress .... Kleid
gloves .... Handschuhe
hat .... Hut
headband .... Stirnband
jeans .... Jeans
pullover .... Pullover
scarf .... Schal
skirt .... Rock
socks .... Socken
sweatshirt .... Sweatshirt
swimsuit .... Badeanzug
trousers .... Hose
trunks .... Badehose
T-shirt .... T-Shirt
woolly hat .... Wollmütze

word lists 3 and 4

Jumble sale

How much is this, please?	*Wie teuer ist das?*
It's one euro.	*Es kostet einen Euro.*
Here you are.	*Bitte sehr.*
Thank you.	*Danke schön.*
Great! Perfect!	*Großartig! Perfekt!*
It's too big.	*Es ist zu groß.*
It's too small.	*Es ist zu klein.*
They're fine.	*Das gefällt mir.*

clothes	Kleidung
games	Spiele
school things	Schulsachen
toys	Spielsachen

beautiful	schön
cheap	billig
expensive	teuer
horrible	schrecklich
new	neu
old	alt

Anfangswortschatz Frühenglisch

Winter

It's snowing.	*Es schneit.*
Let's ...	*Lass uns ...*

broom	Besen
carrot	Möhre
hat	Hut
ice	Eis
scarf	Schal
snow	Schnee
snowball	Schneeball
snowflakes	Schneeflocken
snowman	Schneemann
ski	Schi
sledge	Schlitten
stone	Stein
make an igloo	einen Iglu bauen
throw snowballs	Schneebälle werfen
cold	kalt
hot	heiß
warm	warm

word lists 3 and 4

Animals

Have you got a pet?   *Hast du ein Haustier?*
I've got ...   *Ich habe ...*
I've got a cat.   *Ich habe eine Katze.*

My cat eats cat food and sleeps in a basket.
Meine Katze frisst Katzenfutter und schläft in einem Korb.

basket	Korb
bird	Vogel
bone	Knochen
budgie	Wellensittich
cage	Käfig
carrot	Möhre
cat	Katze
cat food	Katzenfutter
cow	Kuh
dog	Hund
donkey	Esel
elephant	Elefant
farm animals	Bauernhoftiere
fish	Fisch
fish bowl	Fischglas
fish food	Fischfutter
fish tank	Aquarium
giraffe	Giraffe

Anfangswortschatz Frühenglisch

goldfish	Goldfisch
goose	Gans
grass	Gras
guinea pig	Meerschweinchen
hamster	Hamster
hedgehog	Igel
horse	Pferd
kennel	Hundehütte
lion	Löwe
mouse	Maus
pets	Haustiere
reindeer	Rentier
robin	Rotkehlchen
seeds	Körner
sheep	Schaf
tiger	Tiger
tortoise	Schildkröte
wild animals	Wildtiere
zebra	Zebra

On the move

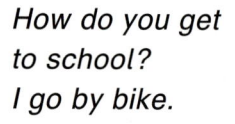

How do you get to school? *Wie kommst du zur Schule?*
I go by bike. *Ich fahre mit dem Fahrrad.*

word lists 3 and 4

On in-line skates. *Auf Inlineskates.*
I walk. *Ich gehe.*

ambulance	Krankenwagen
bell	Glocke/Klingel
bicycle/bike	Fahrrad
boat	Schiff
bus	Bus
car	Auto
fire engine	Feuerwehrauto
horn	Sirene
in-line skates	Inlineskates
light	Lampe
police car	Polizeiauto
radio	Radio
scooter	Roller
skateboard	Skateboard
tool kit	Reparaturset
train	Zug

Land of magic

bee	Biene
bird	Vogel
bush	Busch
butterfly	Schmetterling
flower	Blume

Anfangswortschatz Frühenglisch

goose	Gans
grass	Gras
Leprechaun	Kobold
pot of gold	Topf mit Gold
ribbon	Schleifenband
shamrock	Kleeblatt
sky	Himmel
stone	Stein
stream	Bach
tree	Baum

Holiday

What's the weather like?	*Wie ist das Wetter?*
It's ...	*Es ist ...*
What can we do?	*Was wollen wir machen?*
Let's ...	*Lass uns ...*

beachball	Beachball
bucket	Eimer
ice cream	Eis
sand	Sand
sand castle	Sandburg
sea	Meer
seagull	Möwe

word lists 3 and 4

seaside	Küste
shell	Muschel
spade	Schaufel
starfish	Seestern
sun	Sonne
sunglasses	Sonnenbrille
swimsuit	Badeanzug
thunderstorm	Gewitter
towel	Handtuch
trunks	Badehose
weather	Wetter
fly a kite	Drachen steigen lassen
go cycling	Rad fahren
go to the cinema	ins Kino gehen
have a picnic	Picknick machen
jump into puddles	in Pfützen springen
play games	Spiele spielen
stay at home	zu Hause bleiben
cloudy	bewölkt
cold	kalt
foggy	nebelig
hot	heiß
rainy	regnerisch
sunny	sonnig
windy	windig

Anfangswortschatz Frühenglisch

Colours

What colour is ...?   *Welche Farbe hat ...?*
It's ...   *Es ist ...*

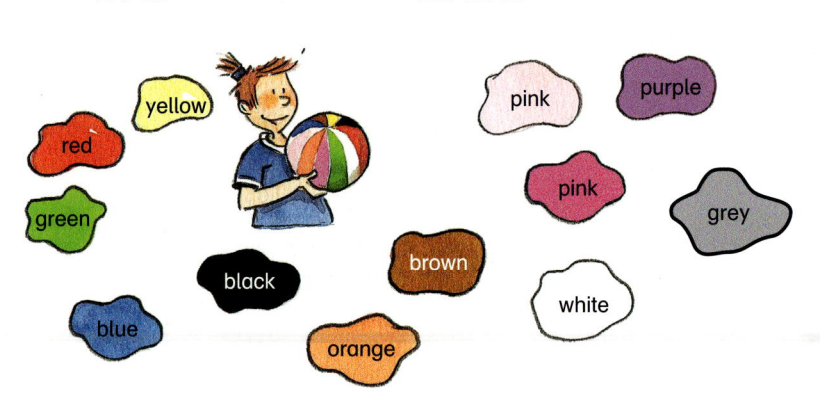

yellow, red, green, blue, black, brown, orange, pink, pink, purple, grey, white

Numbers

1 .... one
2 .... two
3 .... three
4 .... four
5 .... five
6 .... six
7 .... seven
8 .... eight
9 .... nine

word lists 3 and 4

10	ten
11	eleven
12	twelve
13	thirteen
14	fourteen
15	fifteen
16	sixteen
17	seventeen
18	eighteen
19	nineteen
20	twenty
30	thirty
40	forty
50	fifty
60	sixty
70	seventy
80	eighty
90	ninty
100	one hundred

Time

Monday	Montag
Tuesday	Dienstag
Wednesday	Mittwoch
Thursday	Donnerstag

Anfangswortschatz Frühenglisch

Friday	Freitag
Saturday	Samstag
Sunday	Sonntag
morning	Morgen
afternoon	Nachmittag
evening	Abend
night	Nacht
at night	in der Nacht
at two o'clock	um 2 Uhr
in the morning	am Morgen
on Monday	am Montag
day	Tag
week	Woche
weekend	Wochenende

School around the world

Where are you from?	*Woher kommst du?*
I'm from ...	*Ich bin aus ...*
What's your favourite subject?	*Welches ist dein Lieblingsfach?*
My favourite subject is ...	*Mein Lieblingsfach ist ...*
I like ...	*Ich mag ...*

word lists 3 and 4

Australia	Australien
Canada	Kanada
India	Indien
Ireland	Irland
Tanzania	Tansania
USA	USA
Arts	Kunst
English	Englisch
German	Deutsch
Maths	Mathematik
Music	Musik
PE	Sport
calculate	rechnen
do sports	Sport machen
draw	zeichnen
play	spielen
read	lesen
sing	singen
write	schreiben

Keep fit

Let's move.   *Los, wir bewegen uns.*

bend	bücken
jump	hüpfen

Anfangswortschatz Frühenglisch

stretch	dehnen
touch	berühren
turn around	drehen
walk	gehen

Planets

There is ...   *Da ist ...*
There are ...   *Da sind ...*

alien	Außerirdischer
earth	Erde
galaxy	Galaxie
moon	Mond
planet	Planet
star	Stern
sun	Sonne
universe	Universum

Shopping

I need to go to the ...   Ich muss noch in(s) ... gehen.
Where can I buy ...?   Wo kann ich ... kaufen?

word lists 3 and 4

How much is ...? *Wie viel kostet das?*
Have you got? *Haben Sie ...?*

beauty shop	Schönheitssalon
book shop	Buchladen
card shop	Schreibwarenladen
dentist	Zahnarzt
hairdresser	Friseur
ice cream parlour	Eisdiele
music store	Musikgeschäft
post office	Post
shopping centre	Einkaufszentrum
sports shop	Sportgeschäft
supermarket	Supermarkt
toy shop	Spielzeuggeschäft
cheap	billig
expensive	teuer

Nature

animal	Tier
beach	Strand
cage	Käfig
day	Tag
field	Feld
flower	Blume

Anfangswortschatz Frühenglisch

fountain	Quelle
hill	Hügel
lake	See
mountain	Berg
night	Nacht
palm tree	Palme
tree	Baum
waterfall	Wasserfall

Pirates

Where's the ...?   *Wo ist ...?*

gold and silver	Gold und Silber
map	Karte
pirate	Pirat
pirate flag	Piratenflagge
pirate ship	Piratenschiff
pistol	Pistole
treasure chest	Schatzkiste
drink	trinken
eat	essen
sail	segeln
steal	stehlen

word lists 3 and 4

Animals in danger

Animals are hunted for ... *Tiere werden wegen ihrer/ihres ... gejagt.*

beaver	Biber
black bear	Schwarzbär
claws	Krallen
desert	Wüste
elephant	Elefant
feather	Feder
forest	Wald
fur	Pelz
jungle	Dschungel
kiwi	Kiwi (Vogelart)
meat	Fleisch
ocean	Ozean
river	Fluss
savanna	Savanne
seal	Robbe
tamarin	Tamarin (kleine Affenart)
teeth	Zähne
tiger	Tiger
tusks	Stoßzähne
whale	Wal
wolf	Wolf

Anfangswortschatz Frühenglisch

King Arthur

castle	Schloss
dragon	Drache
farmer	Bauer
horse	Pferd
king	König
knight	Ritter
net	Netz
queen	Königin
rope	Seil
saddle	Sattel
shield	Schild
sword	Schwert
village	Dorf
brave	tapfer
dangerous	gefährlich
famous	berühmt
strong	stark

A message for you

How often do you send a message by ...?
Wie oft verschickst du Nachrichten mit ...?

word lists 3 and 4

Christmas card	Weihnachtskarte
e-mail	E-Mail
fax	Fax
letter	Brief
message in a bottle	Flaschenpost
mobile (phone)	Handy
pigeon post	Brieftaube
sign language	Zeichensprache
smoke signals	Rauchzeichen
telephone	Telefon
always	immer
never	niemals
often	oft
sometimes	manchmal

Helping friends

Have you got ...   *Hast du ... für mich?*
for me?
Have you got a ruler   *Hast du ein Lineal*
for me?   *für mich?*
Here you are.   *Bitte sehr.*

Can I help you?   *Kann ich dir helfen?*

Anfangswortschatz Frühenglisch

What's the problem? — *Was ist das Problem?*
I don't understand this. — *Ich verstehe das nicht.*
Let's share. — *Lass uns teilen.*

Transport

Let's go by ... — *Lass uns mit ... fahren.*
Let's take the ... — *Lass uns ... nehmen.*
Let's walk. — *Lass uns gehen.*

bike	Fahrrad
boat	Schiff
bus	Bus
double-decker	Doppeldeckerbus
plane	Flugzeug
taxi	Taxi
train	Zug
tube/underground	U-Bahn

word lists 3 and 4

The year

My birthday is in ... *Ich habe im ... Geburtstag.*

January	Januar
February	Februar
March	März
April	April
May	Mai
June	Juni
July	Juli
August	August
September	September
October	Oktober
November	November
December	Dezember
spring	Frühling
summer	Sommer
autumn	Herbst
winter	Winter

Laute

Es gibt **Mitlaute** (Konsonanten):
b, c, d, f, g, h, j, k, l, m, n, p, q, r, s, t, v, w, x, y, z
Selbstlaute (Vokale): a, e, i, o, u
Umlaute: ä, ö, ü
Zwielaute: au, äu, eu, ei, ai

Das ck bleibt beim Trennen immer zusammen!

Braunbär

Erdbeer

→ ck ←

Silbentrennung

Silben sind **Wortteile**.
Wörter können aus einer Silbe
oder aus mehreren Silben bestehen.

Mehrsilbige Wörter können
zwischen den Silben getrennt werden,
zum Beispiel: gra-tu-lie-ren, der Gras-hüp-fer,
die Schne-cke.

Vanille